AF455602

MONNAIES

DE LA

RÉPUBLIQUE ROMAINE

1913.

....	Bourgey –	Rép. rom. 1re v.
....	Egger XLV –	Gr. et rom.
Wigersma	~~[illegible]~~ Fr. Muller –	Méro.
Vignard 2e vente	... – .	Médailles
....	Bourgey –	Empire romain 2e v.

MONNAIES

DE LA

RÉPUBLIQUE ROMAINE

PROVENANT D'UNE VIEILLE ET CÉLÈBRE COLLECTION

VENTE AUX ENCHÈRES PUBLIQUES

A PARIS, HÔTEL DES COMMISSAIRES-PRISEURS, RUE DROUOT, 9

SALLE N° 9, AU PREMIER ÉTAGE

Les Mardi 4 et Mercredi 5 Novembre 1913

A DEUX HEURES PRÉCISES

EXPOSITION PUBLIQUE UNE HEURE AVANT LA VENTE

COMMISSAIRE-PRISEUR :	EXPERT :
Me EMILE BOUDIN	M. ETIENNE BOURGEY
14, Rue de la Grange-Batelière	*7, Rue Drouot, 7*

PARIS

ADRESSE TÉLÉGR. ÉTIENBOURG-PARIS

Exposition particulière :

Les 27, 28, 29, 30 et 31 Octobre et le 3 Novembre 1913, chez M. Etienne BOURGEY, expert, 7, rue Drouot. (Téléphone 274-63).

Exposition publique :

Le Mardi 4 et Mercredi 5 Novembre 1913, Hôtel des Ventes, Salle 9, une heure avant la vente.

La vente aura lieu au comptant.

Les acquéreurs paieront dix pour cent en sus des enchères.

L'authenticité des pièces est garantie.

M. Etienne BOURGEY, 7, rue Drouot, se charge d'exécuter les commissions qui lui seront confiées.

L'ordre du catalogue sera suivi ou non. L'expert se réserve le droit de diviser ou réunir les lots.

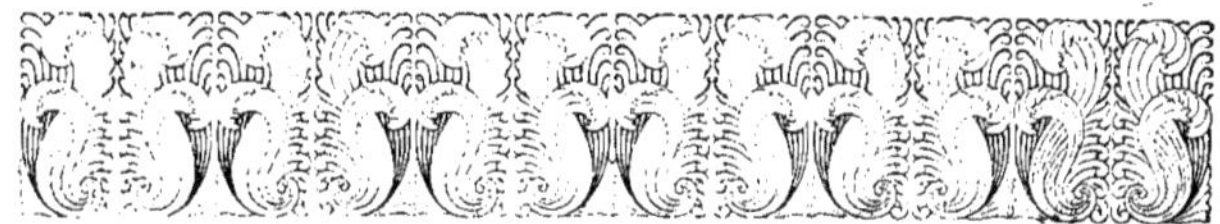

MONNAIES

DE LA

RÉPUBLIQUE ROMAINE [1]

Romano-Campaniennes

1 Tête de Minerve avec le casque de Persée. ℟. ROMANO. Victoire suspendant une couronne à une palme (B. p. 12. 7). Arg. B. Rare.

2 Tête imberbe de Janus. ℟. ROMA incus. Jupiter tonnant dans un quadrige (p. 21. 23). Didr. Arg. TB.

3 Mêmes types; ROMA en relief (p. 22. 24). Arg. Très beau. *Pl. I.*

4 — Variété; un épi couché sous les chevaux. Arg. TB.

5 Tête imberbe de Janus. ℟. ROMA. Jupiter dans un quadrige à g. (p. 22. 25). Drachme. Arg. TB. *Pl. I.*

6 Double tête de femme portant la stéphané. ℟. Quadrige de Jupiter à dr. (p. 23. 26). Electrum. B. Rare. *Pl. I.*

7 Tête de Janus. ℟. ROMA. Deux guerriers prêtant serment sur un porc tenu par un fécial à genoux (p. 23. 28 — 250 fr.) Quinaire. Or. B. Extrêmement rare. *Pl. I.*

8 Tête casquée de Mars barbu; derrière LX. ℟. ROMA. Aigle sur un foudre (p. 25. 29). 60 sesterces. Or. Très jolie pièce. FDC. Rare. *Pl. I.*

9 Mêmes types avec XXXX derrière la tête de Mars (p. 25. 30. — 200 fr.). 40 sesterces. Or. Très jolie pièce; FDC. Très rare. *Pl. I.*

10 Mêmes types avec XX (p. 26. 31). 20 sesterces. Or. Très jolie pièce; FDC. Rare. *Pl. I.*

---

(1) Les numéros entre parenthèses sont ceux de l'ouvrage de M. E. Babelon: *Description historique et chronologique des monnaies de la République romaine.*

Monnaies anonymes

11 Tête de Rome; derrière x. ℞. ROMA incus. Les Dioscures (p. 39. 1). Denier. Poids 4 gr. 2. Arg. TB. Très rare. *Pl. I.*

12 — Variété; légende plus petite. Poids 4 gr. 5. Arg. TB. Très rare.

13 Autre; ROMA en relief et sans les étoiles au-dessus des Dioscures. (Inédite). Poids 4 gr. 4. Arg. TB. Très rare. *Pl. I.*

14 Autre. ROMA en relief, étoiles au-dessus des Dioscures (p. 39. 2). Poids 4 gr. 6. Arg. Très beau. *Pl. I.*

15 — Variété de coin. Poids 4 gr. 6. Arg. TB.

16 — Autre variété. Poids 4 gr. 6 Arg. TB.

17 — Autre variété. Poids 4 gr. 4. Arg. TB.

18 — Autre variété. Poids. 4 gr. 4. Arg. TB.

19 — Autre variété. Poids 4 gr. 4. Arg. TB.

20 — Autre variété. Poids 4 gr. 3. Arg. TB.

21 — Autre variété. Poids 4 gr. 3. Arg. FDC.

22 — Autre variété. Poids 4 gr. 2. Arg. Très beau.

23 — Autre variété. Poids 4 gr. 2. Arg. TB.

24 — Autre variété. Poids 4 gr. Arg. TB.

25 — Autre variété. Poids 4 gr. Arg. TB.

26 — Autre variété. Poids 3 gr. 8. Arg. Très beau.

27 — Autre variété. Poids 3 gr. 8. Arg. TB.

28 — Autre variété. Poids 3 gr. 7. Arg. Très beau.

29 Même tête de Rome; derrière v. ℞. Le précédent (p. 40. 3). Quinaire. Poids 2 gr. 1. Arg. FDC. *Pl. I.*

30 Même tête; derrière IIS (p. 40. 4). Sesterce. Arg. TB.

31 Tête de Rome; derrière x. ℞. ROMA. Victoire dans un bige (p. 40. 6). Denier. Arg. TB.

32 Tête de Jupiter. ℞. ROMA. Victoire couronnant un trophée (p. 41. 9). Victoriat. Arg. TB.

33 *Monnaies avec symboles.* Tête de Rome avec x. ℞. ROMA en creux. Les Dioscures; dessous, un bâton noueux. (Inédit.) Denier. Arg. TB. De la plus grande rareté. *Pl. I.*

34 Mêmes types, ROMA en relief; derrière, branche de laurier (p. 47. 20). Arg. TB. *Pl. I.*

35 — Autre; sous les chevaux, un apex. Arg. FDC. *Pl. I.*

36 — Autre; sous les chevaux, une épée gauloise. Arg. TB. *Pl. I.*

37 — Même pièce d'un autre coin. Arg. B.

38 — Autre; sous les chevaux, une ancre. Arg. TB.

39 — Autre; devant les Dioscures, apex et marteau. Arg. TB.

40 — Autre; sous les chevaux, une étoile. Arg. TB.

41 — Autre; sous les chevaux, un caducée. Arg. TB. *Pl. I.*

42 — Même pièce d'un coin différent. Arg. TB.
43 — Autre: sous les chevaux, un dauphin. Arg. Très beau. *Pl. I.*
44 — Autre; sous les chevaux, un épi. Arg. TB. *Pl. I.*
45 — Autre; sous les chevaux, un bâton noueux. Arg. TB. *Pl. I.*
46 — Même pièce d'un coin différent. Arg. TB.
47 — Autre variété de la même pièce. Arg. TB.
48 — Autre; sous les chevaux, une massue. Arg. B.
49 — Autre; sous les chevaux, un pentagone. Arg. TB.
50 — Autre; sous les chevaux, un pignon. Arg. Très beau. *Pl. I.*
51 — Autre; sous les chevaux, une roue. Denier dentelé. Arg. TB. Rare. *Pl. I.*
52 — Autre: sous les chevaux, un gouvernail. Arg. B.
53 — Autre; au-dessus des Dioscures, un croissant. Arg. TB.
54 — Autre; sous les chevaux, un trident. Arg. Très beau. *Pl. I.*
55 — Autre; Victoire au-dessus des Dioscures. Arg. Très beau. *Pl. I.*
56 — Autre; un bâton devant la tête de Pallas et une palme sous les chevaux. Poids 2 gr. 7. Arg. TB.
57 — Autres: sous les chevaux, un épi. — Un taureau cornupète. Arg. — Ens. 2 p. B.
58 — Autres; chouette. — Corne d'abondance. — Couronne. Arg. — Ens. 3 p. B.
59 — Autres; fer de lance. — Griffon. — Rostre. Arg. — Ens. 3 p. B.
60 Tête de Rome avec v. ℟. ROMA. Les Dioscures; sous les chevaux, un épi (p. 48. 21). Quinaire. Arg. B.
61 — Autre; sous les chevaux, un fer de lance. Quinaire. Arg. B.
62 Tête de Rome avec x. ℟. ROMA. Diane dans un bige au galop; dessous, une mouche. — Autre avec un épi (p. 49. 22). Denier. Arg. — Ens. 2 p. B.
63 Tête de Jupiter. ℟. ROMA. Victoire couronnant un trophée; dans le champ, un foudre (p. 49. 24). Victoriat. Arg. TB.
64 — Autre; dans le champ, un croissant. Arg. TB.
65 — Autre avec un fer de lance. Arg. B.
66 — Autres; épée gauloise. — Massue. — Porc. Arg. — Ens. 3 p. B.
67 Tête de Janus. ℟. ROMA. Proue (p. 50. 26). Sans symbole. As. Poids 37 gr. 4. Br. TB.
68 — Mêmes types. Au-dessus de la proue, une mouche. As. Poids 36 gr. Br. TB.

69 *Monnaies avec lettres et monogrammes.* Tête de Rome avec x. ℞. ROMA. Les Dioscures; au-dessus, C (p. 53, 32). Denier. Arg TB. *Pl. I.*

70 — Même pièce d'un autre coin. Arg. TB.

71 — Autres avec monogr. MA sous les chevaux (Fabia ?). — Avec H. Arg. — Ens. 2 p. B.

72 Tête de Rome avec v. ℞. ROMA. Les Dioscures; sous les chevaux, Q. (p. 54, 33). Quinaire. Arg. TB. *Pl. I.*

73 — Variété avec le monogr. TM. Arg. TB. *Pl. I.*

74 — Autre avec la lettre H. Arg. TB.

75 — Autre avec le monogr. ROMA. Arg. B.

76 Tête de Rome avec x. ℞. ROMA. Diane dans un bige au galop; dessous, un oiseau et TOD (p. 55, 35. Todilia ?). Arg. TB.

77 Tête de Jupiter. ℞. ROMA. Victoire couronnant un trophée; dans le champ, Ⱶ; Luceria (p. 56, 36). Victoriat. Arg. FDC. Beau style. *Pl. I.*

78 — Variété avec Q dans le champ. Arg. FDC.

79 — Autres avec C au droit et M au revers. — Avec Ⱶ au droit et T au revers. Arg. — Ens. 2 p. B.

80 Tête de Janus. ℞. ROMA. Proue; au-dessus, monogr. AT. (p. 57, 38. Atilia ?). As. Poids 29 gr. B.

81 — Variété: module réduit. Poids 16 gr (3). Br. B.

82 — Autre: monogr. MD. (Duillia ? Poids 33 gr. 2). Br. B.

83 Tête d'Hercule. ℞. ROMA. Proue, au-dessus un bœuf et monogr. MD. (p. 60, 43). Quadrans. Br. B.

84 Tête de Mercure. ℞. ROMA. Proue: dessous, Ⱶ: Luceria (p. 60, 44). Sextans. Br. B.

85 — Autre: monogr. MA devant la proue (Fabia ?) Br. TB.

86 Tête de Jupiter. ℞. Proue (p. 63, 50). Semis. Poids 24 gr. Br. Très beau.

87 Tête d'Hercule. ℞. Proue (p. 64, 52). Quadrans. Br. Tres beau.

88 Tête de Rome. ℞. Proue (p. 64, 54). Once. Br. B.

89 Tête de Rome avec x. ℞. ROMA. Diane dans un bige de cerfs; dessous, un croissant (p. 67, 101). Denier. Arg. TB.

90 ROMA. Tête casquée; derriere x. ℞. Rome assise sur des boucliers; devant elle, la louve (p. 72, 176). Denier. Arg. Tres beau. *Pl. I.*

91 Tête de Jupiter. ℞. L. P. D. A. P. Proue (p. 76, 223). Semis. Br. B.

92 Tête d'Apollon. ℞. ROMA. Victoire couronnant un trophée: dans le champ, XI (p. 77, 227). Un sesterce et demi. Arg. TB.

93 — Variété avec R dans le champ. Arg. TB.

94 — Autres avec X. — Avec F. — Tête d'Apollon. ℟. Quadrige de Jupiter (p. 77. 226). Denier. Arg. — Ens. 3 p. B. et TB.

Guerre sociale

95 Tête casquée de femme, devant X. ℟. VIИƎTFƎ. Les Dioscures (Bompois I. 12). Denier. Arg. B. Rare.

96 Tête de femme laurée à g.: derrière VIИƎTFƎ. ℟. Guerrier debout, armé d'une lance, près d'un taureau couché. Bompois II. 1). Denier. Arg. TB. Rare. *Pl. I.*

97 Même tête, sans lég. ℟. Huit guerriers prêtant serment sur un porc que tient un fécial au pied d'une enseigne. Au bas IXX. (Bompois I. 1). Denier. Arg. TB. *Pl. I.*

98 — Variété avec IIIX à l'exergue. Arg. TB.

99 Même tête variée: derrière, ITALIA. ℟. Le précédent: à l'exergue V. Bompois I. 3). Arg. B.

100 Tête de Mars à dr.: derrière VIИƎTFƎ. ℟. Quatre chefs prêtant serment sur le porc: à l'exergue ·IFΠNNΠ·>. (Bompois II. 2) Denier. Arg. TB. Rare. *Pl. II.*

101 Tête imberbe casquée à g.: devant, *Mutil Embratur* en caractères osques. ℟. Deux chefs prêtant serment sur le porc: à l'exergue >·IΠNNΠ·> (Bompois II. 13). Denier. Arg. TB. Rare.

102 ITALIA. Tête laurée de femme à dr.; devant XVI. ℟. Victoire à g. couronnant l'Italie assise sur des boucliers (Bompois I. 6). Denier. Arg. TB. Rare.

103 Tête jeune de Bacchus couronnée de pampres; devant, lég. osque. ℟. Taureau à dr., perçant une louve de sa corne; à l'exergue IΠNNΠ·> (Bompois II. 4). Denier. Arg. TB. Rare.

Familles consulaires

104 **Aburia**. C. ABVRI. Quadrige de Mars (1). — M. ABVRI. Quadrige du Soleil (6). Arg. — Ens. 2 p. TB.

105 Tête d'Hercule. ℟. C. ABVRI. GEM. Proue (3). Quadrans. Br. B.

106 — Autre avec M. ABVRI. M. F. GEM (7). Quadrans. Br. B.

107 **Acilia**. BALBVS. ROMA. Tête de Rome dans une couronne. ℟. MAN. ACILI. Quadrige de Jupiter (1). Arg. TB.

108 M. ACILIVS. M. F. Tête de Rome. ℟. Quadrige d'Hercule (4). Arg. TB.

109 Tête de Jupiter. ℟. M. ACILI. Proue (5). Semis. Br. TB. Rare.

110 Tête de la Santé. ℟. La Santé nourrissant un serpent (8). Arg. TB.

111 Tête de Janus. ℟. MAN. ACILI. Q. Couronne (9). As. Br. TB.

112 Tête de Jupiter. ℟. MAN ACILI. Aigle (10). Semis. Br. B.

113 **Ælia**. P. PAETVS. Les Dioscures (3). — C. ALLI. Diane dans un bige de cerfs (4). Arg. — Ens. 2 p. TB.

114 **Æmilia**. Tête de Janus. ℞. Monogr. LAP dans une couronne de laurier (2). As. Br. TB. Rare.

115 Tête de Rome. ℞. Monogr. LAP. Proue (4). Triens. Br. B. Rare.

116 MAN. AIMILIO. LEP. Statue équestre (7). Arg. TB.

117 — Même droit. ℞. Incus. Arg. B.

118 Arétas agenouillé près d'un chameau; au bas REX ARETAS. ℞. Quadrige de Jupiter à g.; devant, un scorpion (8). Arg. TB.

119 Variété sans le nom du roi ni le scorpion (9). Arg. Très beau.

120 Tête de la Concorde. ℞. TER. PAVLLVS. Trophée (10). Arg. Très beau.

121 PVTEAL. SCRIBON. LIBO. Margelle de puits (11). Arg. Très beau.

122 Tête de Vénus, entre une couronne et le simpulum. ℞. M. LEPIDVS Statue équestre portant un trophée (20). Arg. TB. *Pl. II.*

123 — Variété sans symboles (Comp. 21). Arg. Très beau. *Pl. II.*

124 Même tête; derrière, une palme. ℞. M. LEPIDVS. AN. XV. PR. H. O. C. S. Même statue (22). Arg. TB. Rare. *Pl. II.*

125 Tête tourelée à dr. ℞. Lépide couronnant Ptolémée V (24). Arg. TB. Rare. *Pl. II.*

126 **Afrania**. S. AFRA. ROMA. Bige de la Victoire (1). Arg. TB.

127 Tête de Janus. ℞. S. AFRA. Proue (2). As. Br. TB.

128 **Annia**. Buste d'Anna Perenna. ℞. C. TARQVITI. P. F. Bige de la Victoire (1). Arg. TB.

129 — Même buste. ℞. Incus. Arg. B.

130 L. FABI. L. F HISP. Quadrige de la Victoire (2). Arg. TB.

131 — Variété; le buste dans un collier de perles (3). Arg. TB.

132 C. ANNIVS. T. F. T. N. PROCOS. EX. S. C. Tête d'Anna Perenna. ℞. L. FABI. L. F. HISP. Q. Victoire dans un quadrige au pas (5). Arg. TB. Rare. *Pl. II.*

133 **Antestia**. Les Dioscures; devant, un chien (1). Arg. Très beau.

134 — C. ANTESTI. Les Dioscures (2). Arg. Très beau.

135 Tête de Janus. ℞. C. ANTESTI. Proue (4). As. Br. TB.

136 L. ANTES. Quadrige de Jupiter (9). Arg. Très beau.

137 Tête d'Hercule. ℞. L. ANTES. Geai sur une proue (11). Quadrans. Br. TB. Rare.

138 **Antia**. RESTIO. Tête du tribun Antius Restio. ℞. C. ANTIVS. C. F. Hercule portant un trophée (1). Arg. TB.

139 DEI PENATES. Têtes accolées. ℞. Le précédent (2). Arg. TB. *Pl. II.*

140 C. ANTIVS. Casque corinthien à crinière. ℞. RESTIO. Chouette sur un bouclier (6 — 60 fr.). Sesterce. Arg. B. Très rare. *Pl. I.*

141 **Antonia**. Q. ANTO. BALB. PR. Quadrige de la Victoire (1). Arg. FDC.

142 **Appuleia**. Tête de Rome à g. ℞. Quadrige (1). Arg. Très beau.

143 L. SATVRN. G. Saturne dans un quadrige à dr. ℞. ROMA. Même quadrige (3 — 50 fr.). Arg. TB. Très rare. *Pl. II.*

144 **Aquillia**. Aquillius relevant la Sicile (2). Arg. TB.

145 **Arria**. M. ARRIVS. SECVNDVS. Tête du préteur Arrius. ℞. Haste entre une couronne et une phalère (2 — 120 fr.) Arg. TB. Très rare. *Pl. II.*

146 **Atia**. M. ATIVS. BALBVS. PR. Sa tête nue. ℞. SARD. PATER. Tête du héros Sardus (1). MB. TB. Rare. *Pl. II.*

147 **Atilia**. SAR. Bige de la Victoire (1). — M. ATIL. Les Dioscures (8). Arg. — Ens. 2 p. TB.

148 Tête de Janus. ℞. SAR. Proue (3). As. Br. B.

149 SARAN. Tête de Rome. ℞. M. ATILI. Les Dioscures (9). Arg. Très beau.

150 Tête de Janus. ℞. M. ATILI. Proue (10). As. Br. B.

151 Tête de Rome; derrière, XVI. ℞. L. ATILI. NOM. Victoire tenant un fouet dans un bige (16 — 50 fr.). Arg. B. Très rare *Pl. II.*

152 **Aurelia**. Tête de Mercure. ℞. AVR. Proue (14). Sextans. Br. Très beau. Patine verte.

153 COTA. Tête de Rome. ℞. M. AVRELI. Hercule dans un bige de centaures (16). Arg. TB. *Pl. II.*

154 AV. RVF. Quadrige de Jupiter (19). Arg. Très beau.

155 M. AVRELI. ROMA. Tête de Rome. ℞. SCAVRI. L. LIC. CN. DOM. Gaulois combattant dans un bige (20). Arg. Très beau. *Pl. II.*

156 Tête de Vulcain. ℞. Aigle dans une couronne (21). Arg. Très beau.

157 **Autronia**. Tête de Rome; derrière X. ℞. AVTR. (en monogr.) ROMA. Les Dioscures (1 — 80 fr.). Arg. TB. Très rare. *Pl. II.*

158 **Axia**. NASO. S. C. Tête de Mars; derrière VIII. ℞. L. AXSIVS. L. F. Diane dans un bige d'axis, entouré de 3 chiens (1). Arg. TB. Rare.

159 — Variété: l'ornement placé sur la visière du casque se termine en fourche. Arg. TB. Rare *Pl. II.*

160 Tête de Janus. ℞. NASO. Couronne (1). As. Br. TB.

161 Tête de Jupiter. ℞. Le précédent (2). Semis. Br. B.

162 Tête de femme à g. ℞. Le précédent (3). PB. TB. *Pl. I.*

163 **Baebia**. Tête de Rome. ℞. TAMP. (en monogr.) ROMA. Les Dioscures (1). Arg. TB. *Pl. II.*

164 TAMPIL. Tête de Rome à g. ℞. ROMA. M. BAEBI. Q. F. Apollon dans un quadrige au galop (12). Arg. FDC. *Pl. II.*

165 Tête de Janus. ℞. Q. B. Couronne (13). As. Br. B. Rare.
166 **Caecilia**. Tête de Janus. ℞. A. CAL. Proue (8). As. Br. B.
167 Tête d'Hercule. ℞. A. CAE. Proue (11). Quadrans. Br. B.
168 C. METELLVS. Bige d'éléphants à g. (14). Arg. TB.
169 Tête de Jupiter. ℞. C. METEL sur la proue et tête d'éléphant (18). Semis. Br. TB.
170 Quadrige de Jupiter, au pas à dr. (21). Arg. Très beau.
171 Tête de Jupiter. ℞. Q. METE. Proue (22). Semis. Br. TB.
172 Tête d'Hercule. ℞. Q. METE. Proue (26). Quadrans. Br. TB.
173 M. METELLVS. Q. F. Bouclier macédonien (28). Arg. TB.
174 Tête d'Apollon. ℞. Le précédent (30). Arg. FDC. *Pl. II.*
175 Tête de Jupiter. ℞. Q. METELLVS. Proue (32). Semis. Br. TB.
176 Tête d'Hercule. ℞. Le même (34). Quadrans. Br. B.
177 Bige de la Piété; dessous, tête d'éléphant (38). — Lituus et capis (44). Arg. — Ens. 2 p. B. et TB.
178 Tête de Jupiter. ℞. Proue et tête d'éléphant (39). Semis. Br. B.
179 Tête d'Hercule. ℞. Le même (41). Quadrans. Br. TB.
180 Tête de la Piété. ℞. Q. C. M. P. I. Eléphant à g. (43). Arg. TB.
181 Tête d'Apollon. ℞. Rome couronnée par la Victoire (45). Arg. TB.
182 Q. METEL. PIVS. Tête de Jupiter en Terme. ℞. SCIPIO IMP. Eléphant à dr. (47). Arg. B.
183 METEL. PIVS. SCIP. IMP. Même Terme (contrem. d'un croissant). ℞. CRASS. IVN. LEG. PRO. PR. Chaise curule entre un épi et un carnyx; au-dessus, balance et corne d'abondance (49). Arg. TB. Rare. *Pl. II.*
184 Q. METELL. SCIPIO. IMP. Tête de l'Afrique. ℞. EPPIVS. LEG. F. C. Hercule debout (50). Arg. TB. Rare. *Pl. II.*
185 Q. METEL. PIVS. SCIPIO. IMP. G. T. A. Le Génie de l'Afrique. ℞. P. CRASSVS. IVN. LEG. PROPR. Victoire à g. (51). Arg. TB. Rare. *Pl. II.*
186 CRASS. IVN. LEG. PRO. PR. Tête de Cybele entre un épi et un caducée. ℞. METEL. PIVS. SCIP. IMP. Trophée, lituus et capis (52). Arg. TB. Rare. *Pl. II.*
187 **Caesia**. Buste d'Apollon à g. ℞. Les dieux Lares (1). Arg. TB.
188 **Calidia**. M. CALID. Q. MET. CN. FL. Bige de la Victoire (1). Arg. TB.
189 **Calpurnia**. Tête de Rome. ℞. Les Dioscures (1). Arg. Très beau.
190 Femme dans un bige, couronnée par la Victoire (2). Arg. Très beau.
191 Tête d'Hercule. R. P. CALP. Victoire et pilote sur un navire (4). Quadrans. Br. TB. *Pl. II.*
192 Tête de Saturne. ℞. Piso et Cæpio assis à g. (5). Arg. TB.

193 Tête d'Apollon; derrière, une chouette. ℞. PISO FRVGI. Cavalier galopant à g. et tenant un flambeau; au-dessus, une tête (6). Arg. TB. Rare.

194 Même tête. ℞. L. PISO. FRVG. Cavalier portant une palme; au-dessus, une amphore (8). Arg. TB.

195 Même tête. ℞. L. PISO. FRV. XL. Cavalier tenant un flambeau; dans le champ, étoile; à l'exergue, une hache (Variété non décrite dans Bab. Voir Bahrfeldt p. 70 nº 10). Arg. TB. Très rare.

196 Même tête; derrière, FRVGI; devant, un bonnet de dioscure. ℞. L. PISO. L. F. Même cavalier; dessus, un foudre; dessous, la marque du denier (10). Arg. TB. Rare. *Pl. II.*

197 Tête d'Apollon; derrière, une mouche. ℞. L. PISO. FRVGI. Cavalier au galop à dr., portant une palme (11). Arg. Très beau.

198 Même tête; derrière ↓VI. ℞. Même lég. et cavalier; au dessus ↓XXV; à l'exergue ROMA en monogr. (2). Arg. Très beau.

199 — Variété. M devant la tête, une tête de bélier au-dessus du cavalier qui tient un fouet, et ROMA en toutes lettres. Arg. Très beau. *Pl. II.*

200 — Autre avec P; une cigogne au revers. Arg. FDC.

201 — Autre avec T et une roue. Arg. Très beau.

202 Tête d'Apollon; derrière, une chouette. ℞. L. PISO. FRVGI. Victoire à dr. (13). Quinaire. Arg. TB.

203 Tête de Janus. ℞. L. PISO. FRVGI. Victoire sur une proue (18). Or. Br. TB.

204 Tête de Jupiter. ℞. Même lég. Proue (19). Semis. Br. B.

205 Tête de Terminus. ℞. M. PISO. M. F. FRVGI. Couteau et patère dans une couronne (23). Arg. TB. Rare. *Pl. II.*

206 Tête d'Apollon; derrière, une oreille. ℞. C. PISO. L. F. FRV. Cavalier galopant à dr.; au dessus, un coude (24). Arg. Très beau et de joli style. *Pl. II.*

207 — Variété; derrière la tête, un scorpion. ℞. Le cavalier tient un fouet; derrière, I. Arg. Très beau.

208 — Autre; derrière la tête II. ℞. Le cavalier tient une palme; derrière, une massue. Arg. TB.

209 Tête d'Apollon à g.; derrière un marteau. ℞. C. PISO. L. F. FRVG. Cavalier portant une palme ornée de bandelettes (25). Arg. Très belle pièce. *Pl. III.*

210 Tête d'Apollon à dr. ℞. Même lég. Cavalier à g. portant un fouet et un flambeau (27). Arg. Très beau.

211 **Canidia.** Crocodile. ℞. CRAS. Proue (2). MB. TB. Rare. *Pl. XI.*

212 **Carisia.** Tête de la Victoire. ℞. T. CARISI. Bige (2). Arg. TB.

213 Tête de Sibylle. ℞. Sphinx assis (10). Arg. TB.
214 **Cassia**. La Liberté dans un quadrige (1). — Tête de Cérès. ℞. Deux bœufs à g. (4). Arg. — Ens. 2 p. TB.
215 Tête de Vulcain. ℞. C. CASSI. ROMA. Proue; de chaque côté, s suivi de 3 points (2). Dodrans. Br. TB. *Pl. XI.*
216 Tête de Bacchus. ℞. Même lég. Proue; de chaque côté, s suivi de 2 points (3). Bes. Br. TB. Rare.
217 Tête de Janus. ℞. C. CASSI. L. SALIN. Proue avec D. S. S. (5). As. Br. TB.
218 — Variété avec L. SALI. C. CASSI. B. manque. Br. B. Rare.
219 Tête de Liber à dr. ℞. Tête de Libéra à g. (6). Arg. Très beau.
220 Tête d'Apollon Véjovis. ℞. Q. CASSIVS. Aigle sur un foudre, entre le lituus et le capis (7). Arg. Très beau. *Pl. III.*
221 Q. CASSIVS. LIBERT. Tête de la Liberté. ℞. Temple de Vesta (8). Arg. Très beau. *Pl. III.*
222 Q. CASSIVS. VEST. Tête de Vesta. ℞. Le même (9). Arg. Très beau. *Pl. III.*
223 Tête de Vesta à g. ℞. Citoyen au vote (10). Arg. Très beau.
224 — Même tête de Vesta. ℞. Incus. Arg. Très beau.
225 **Cestia**. Buste de l'Afrique. ℞. L. CESTIVS. C. NORBA. Casque sur une chaise curule; dans le champ, S. C. PR. (1). Or. TB. Rare. *Pl. III.*
226 **Cipia**. Tête d'Hercule. ℞. ROMA. M. CIPI. M. F. Gouvernail (6 — 30 fr.). Once. Br. TB. Rare. *Pl. IV.*
227 Bige de la Victoire (1). **Claudia**. Bige de la Victoire (1). Arg. — Ens. 2 p. TB.
228 Tête casquée de Rome, droit du précédent. ℞. Incus. Arg. TB.
229 Tête d'Apollon. ℞. VNI. ROMA. Victoire couronnant un trophée (4 — 40 fr.). Demi-victoriat. Arg. FDC. Très rare. *Pl. IV.*
230 Buste de Diane, ℞. Victoire dans un bige; dessous TI. CLAVD. TI. F. AP. N. (5). — Autre avec TI. CLAD. TI. F. AP. N. Arg. — Ens. 2 p. FDC.
231 MARCELLINVS. Tête de Claudius Marcellus. ℞. MARCELLVS. COS. QVINQ. Le consul consacrant les dépouilles de Viridomar (11). Arg. Très beau. *Pl. III.*
232 C. CLODIVS. C. F. Tête de Flore. ℞. VESTALIS. La vestale Claudia Quinta assise (13). Arg. TB.
233 Tête d'Apollon. ℞. Diane lucifère (15). Arg. FDC.
234 Tête radiée du Soleil. ℞. P. CLODIVS. M. F. Croissant entouré de cinq étoiles (16). Or. TB. Très rare. *Pl. III.*
235 — La même pièce (17). Arg. TB.

236 **Cloulia**. Victoire dans un bige (1). — Victoire couronnant un trophée (2). Quinaire. Arg. — Ens. 2 p. TB.
237 **Clovia**. Tête de Janus. ℞. SAX. ROMA. Proue (1). As. Br. B.
238 — Autre avec C. SAX. ROMA. (6). As. Br. B.
239 Tête de Jupiter. ℞. Le même (7). Semis. Br. B.
240 Tête de Rome. ℞. Le même (8). Triens. Br. TB.
241 **Coelia**. Tête de Rome. ℞. L. COIL. Les Dioscures (1). Arg. TB.
242 Tête à g. ℞. C. COIL. CALD. Bige de la Victoire à g. (2). — Variété avec CALD. (3). Arg. — Ens. 2 p. Très belles.
243 C. COEL. CALDVS. COS. Tête à dr. ℞. CALDVS. III. VIR. Tête du Soleil (4). Arg. Très beau.
244 Même tête entre une enseigne portant HIS et un sanglier. ℞. Personnage préparant un lectisternium entre 2 trophées (7). Arg. Très beau. *Pl. III.*
245 **Considia**. Tête de Vénus Erycine. ℞. Temple sur une montagne entourée d'une muraille (1). Arg. TB.
246 Tête d'Apollon. ℞. Couronne sur une chaise curule (2). Arg. TB.
247 Tête de Vénus à g. ℞. Quadrige de la Victoire (7). Arg. TB.
248 **Cordia**. Tête de Vénus. ℞. Cupidon sur un dauphin (3). Arg. TB.
249 Casque corinthien. ℞. Egide de Minerve (4). Arg. TB.
250 **Cornelia**. P. SVLA. Bige de la Victoire (1). Arg. TB.
251 Tête de Janus. ℞. P. SVLA. Proue (2). As. Br. B.
252 Tête de Rome. ℞. Le même (4). Triens. Br. B. Rare.
253 Tête de Janus. ℞. P. BLAS. Proue (6). As. Br. B.
254 Même tête. ℞. CINA. ROMA. Proue (11). As. Br. B.
255 SISENA ROMA. Tête de Rome. ℞. CN. CORNEL. L. F. Jupiter dans un quadrige, foudroyant Typhon (17). Arg. Très beau. Rare. *Pl. III.*
256 Tête de Scipion l'Africain. ℞. Les dieux capitolins (19). Arg. TB.
257 Variété avec l'aigle aux pieds de Jupiter (20). Arg. TB.
258 ROMA. Tête de Janus. ℞. CN. BLASIO. CN. F. Victoire érigeant un trophée (21). As. Br. TB. Rare. *Pl. XI.*
259 Tête de Saturne. ℞. Quadrige de Jupiter (24). — Buste d'Hercule. ℞. Rome couronnée par le génie du peuple (25). Arg. — Ens. 2 p. Très belles.
260 PE. S. C. Buste d'Hercule. ℞. LENT. MAR. F. Le précédent, le tout dans une couronne (26). Arg. TB. Rare. *Pl. III.*
261 Capis et lituus entre 2 trophées (29). — Double corne d'abondance (33). Arg. — Ens. 2 p. TB.
262 Tête diadémée de Vénus ; derrière E. ℞. EX. S. C. Corne d'abondance dans une couronne de laurier (44 — 50 fr.). Arg. TB. Très rare. *Pl. III.*

263 Tête de Janus. ℞. EX. S. C. Légionnaire debout sur une proue (45). As. Br. B.

264 Buste de Mars. ℞. Bige de la Victoire (50). Arg. TB.

265 Victoire couronnant un trophée (51). Quinaire. Arg. TB.

266 Tête de Janus. ℞. CN. LENTVL. Proue (52). As. Br. B.

267 Sceptre lauré, globe et gouvernail (54). Arg. TB.

268 Q. S. C. Tête d'Hercule. ℞. P. LENT. P. F. L. N. Le Génie du peuple assis et couronné par la Victoire (58 — 40 fr.). Arg. TB. Très rare. *Pl. III.*

269 FAVSTVS. Buste de Diane. ℞. FELIX. Sylla entre Bacchus et Jugurtha (59). Arg. TB.

270 FEELIX. Buste de Jugurtha. ℞. FAVSTVS. Diane dans un bige entouré d'étoiles (60). Arg. Très beau. *Pl. III.*

271 Globe entre 4 couronnes (61). — Trois trophées (63). Arg. — Ens. 2 p. TB.

272 Triquétra ornée de la tête de Méduse. ℞. LENT. MARC. COS. Jupiter debout (64). Arg. Très beau. *Pl. III.*

273 Tête de Jupiter. ℞. Jupiter devant un autel (65). Arg. TB.

274 **Cornuficia**. Tête de Cérès à g. ℞. Q. CORNVFICI. AVGVR. IMP. Cornuficius en pontife, couronné par Junon Sospita (3 — 400 fr.). Arg. B. Extrêmement rare. *Pl. III.*

275 **Cosconia**. L. COSCO. M. F. Tête de Rome. ℞. Le gaulois Bituit combattant dans un bige (1). Arg. TB.

276 **Cossutia**. SABVLA. Tête de Méduse à g. ℞. L. COSSVTI. C. F. Bellérophon sur Pégase (1). Arg. TB. Rare. *Pl. III.*

277 **Crepereia**. Buste d'Amphitrite. ℞. Q. CREPEREI. ROCVS. Neptune combattant dans un bige d'hippocampes (1 — 45 fr.). Arg. TB. Rare. *Pl. III.*

278 Variété avec Q. CREPER. M. F. ROCVS. (2 — 45 fr.). Arg. TB. Rare. *Pl. III.*

279 **Crepusia**. Tête d'Apollon. ℞. Cavalier (1). Arg. FDC.

280 **Critonia**. AED. PL. Tête de Cérès. ℞. M. FAN. L. CRIT. Les 2 édiles assis (1). Arg. Très beau. Rare. *Pl. III.*

281 **Cupiennia**. L. CVP. Les Dioscures (1). Arg. TB.

282 **Curiatia**. TRIGE. Tête de Rome. ℞. C. CVR. ROMA. Déesse couronnée par la Victoire dans un quadrige (1). Arg. TB.

283 Variété avec TRIG. et C. CVR. F. ROMA (2). Arg. TB.

284 Tête de Jupiter. ℞. C. CVR. F. ROMA. Victoire sur une proue (7). Semis. Br. TB. Rare. *Pl. III.*

285 Tête d'Hercule. ℞. Le même (9). Quadrans. Br. TB. *Pl. III.*

286 **Curtia**. Q. CVRT. Tête de Rome. ℞. Quadrige (2). Arg. Très beau

287 **Decia**. Tête de Rome. ℞. ROMA. Les Dioscures; dessous, un bouclier ovale et un carnyx en sautoir (1 — 60 fr.). Arg. TB. Très rare. *Pl. III.*

288 **Decimia**. FLAVS. ROMA. Bige de Diane (1). Arg. TB.

289 **Didia**. Tête de la Concorde. ℞. T. DIDI. IMP. VIL. PVB. La villa publica (1). Arg. TB.

290 Tête de Rome. ℞. T. DEIDI. Le préteur fouettant un esclave révolté (2). Arg. TB. *Pl. III.*

291 **Domitia**. Tête de Rome. ℞. CN. DO. Les Dioscures (1). Arg. TB.

292 Tête de Jupiter. ℞. CN. DOME. Proue (3). Semis. Br. TB.

293 — Variété avec CN. DOMI. Semis. Br. TB.

294 Tête d'Hercule. ℞. CN. DOME. Proue (5). Quadrans. Br. Très beau. Patine verte *Pl. III.*

295 CN. DOMI. Quadrige de Jupiter au pas (7). Arg. TB.

296 — Tête de Rome du précédent. ℞. Incus. Arg. TB.

297 Bige de la Victoire; dessous, soldat combattant un chien gaulois (14). Arg. TB.

298 **Egnatia**. MAXSVMVS. Tête de la Liberté. ℞. C. EGNATIVS. CN. F. CN. N. Rome et Vénus assises (2). Arg. TB.

299 MAXSVMVS. Buste de Cupidon. ℞. Même lég. Jupiter et la Liberté dans un temple distyle (3). Arg. TB. Rare. *Pl. III.*

300 **Fabia**. Q. FABI. Quadrige de Jupiter (1). Arg. TB.

301 Corne d'abondance et foudre dans une couronne (5). Arg. Très beau.

302 Tête d'Apollon. ℞. Le précédent (6). Arg. TB.

303 Tête d'Hercule. ℞. Q. MAX. Proue (10). Quadrans. Br. TB.

304 Le flamine Fabius Pictor assis à g. (11). Arg. TB.

305 EX. A. PV. Tête de Cybele. ℞. C. FABI. C. F. Victoire dans un bige; devant, l'oiseau buteo (14). Arg. Très beau. *Pl. III.*

306 Variété sans légende au droit (15). Arg. TB.

307 Tête de Janus. ℞. C. FABI. C. F. ROMA. Proue; devant, l'oiseau buteo (16). As. Br. TB. Rare. *Pl. XI.*

308 **Fabrinia**. Tête de Rome. ℞. M. FABRINI. Proue (2). Triens. Br. TB.

309 Tête d'Hercule. ℞. Le même (3). Quadrans. Br. TB.

310 **Fannia**. Quadrige de la Victoire (1). **Farsuleia**. Citoyen montant dans le bige d'un guerrier (1). Arg. — Ens. 2 p. Très belles.

311 Buste de la Liberté. ℞. Le précédent (2). Arg. Très beau.

312 **Flaminia**. ROMA. Tête de Rome (1). ℞. Incus. Arg. TB.

313 IIII VIR. PRI. FLA. Tête de Vénus. ℞. L. FLAMINI. CHILO. Bige de la Victoire (2 — 20 fr.). Arg. TB. Rare. *Pl. III.*

314 **Fonteia**. Tête janiforme. ℞. C. FONT. Galère (1). Arg. TB.
315 — Même tête de Frontus, fils de Janus. ℞. Incus. Arg. TB.
316 Tête de Jupiter. ℞. C. FONT. Proue (3). Semis. Br. B. Rare.
317 Têtes des Dioscures. ℞. Galère (7). Arg. TB.
318 — Mêmes têtes des Dioscures. ℞. Incus. Arg. TB.
319 Tête d'Apollon avec monogr. AP. ℞. Chèvre (9). Arg. TB.
320 Variétés sans le monogr. (10 et 11). Arg. — Ens. 2 p. TB.
321 — Autre avec EX. A. P. au droit (12). Arg. TB.
322 Buste casqué de Mars. ℞. MAN. FONT. TR. MIL. Cavalier au-dessus de 2 combattants à pied (17). Arg. TB. *Pl. IV.*
323 **Fufia**. Têtes de l'Honneur et de la Valeur. ℞. L'Italie et Rome debout (1). Arg. TB.
324 **Fulvia**. CN. FOVL. M. CAL. Q. MET. Bige de la Victoire (1). Arg. TB.
325 **Fundania**. Tête de Rome. ℞. C. FVNDAN. Q. Marius dans un quadrige (1). Arg. Très beau.
326 Victoire et Teutobodus au pied d'un trophée (2). Quinaire. Arg. TB.
327 **Furia**. PVR. ROMA. Bige de Diane (13). Arg. TB.
328 Tête de Janus. ℞. Rome couronnant un trophée (18). Arg. TB.
329 Tête de Cybèle. ℞. Chaise curule (19). Arg. TB.
330 **Gargilia**. Tête d'Apollon Véjovis. ℞. GAR. OGVL. VER. Quadrige de Jupiter (1—50 fr.). Arg. TB. Rare. *Pl. IV.*
331 Tête de Janus. ℞. Même lég. Proue à g. (7). As. Br. B. Rare.
332 Variété avec GAR. VER. OGVL. (8). Br. B. Rare.
333 **Gellia**. Tête de Rome dans une couronne. ℞. CN. GEL. ROMA. Mars dans un quadrige, enlevant Nériène (1). Arg. Très beau. *Pl. IV.*
334 **Herennia**. Anapias emportant son père (1). Arg. FDC.
335 — Tête de la Piété, droit du précédent. ℞. Incus. Arg. TB.
336 **Horatia**. Tête de Rome. ℞. ROMA. Les Dioscures; au-dessous, une petite tête de femme (1). Arg. Très beau. Rare. *Pl. IV.*
337 **Hosidia**. Buste de Diane. ℞. Sanglier blessé (1). Arg. FDC.
338 Variété, le buste sans diadème (2). Arg. FDC.
339 **Hostilia**. Tête de Rome. ℞. L. H. TVB dans une couronne de chêne et de laurier; à l'exergue ROMA (1—30 fr.). Once. Br. B. Rare. *Pl. IV.*
340 Tête de Vercingétorix; derrière, un bouclier. ℞. L. HOSTILIVS. SASERN. Gaulois combattant sur un char (2). Arg. TB. Rare. *Pl. IV.*
341 Tête de Pavor. ℞. La Diane d'Éphèse (4). Arg. TB.
342 Tête de Vénus. ℞. Victoire portant un trophée (5). Arg. TB.

343 **Julia.** L. IVLI. Les Dioscures (1). Arg. FDC.

344 Vénus et Cupidon dans un bige (2). Arg. TB.

345 L. IVLI. Bige de la Victoire (3). Arg. Très beau.

346 Char de Vénus traîné par 2 Amours (4). — Quadrige de la Victoire (5). Arg. — Ens. 2 p. Très belles.

347 Tête d'Apollon Véjovis, droit du précédent. ℞. Incus. Arg. TB.

348 Même tête. ℞. EX. A. P. Quadrige de la Victoire (6). Arg. TB. *Pl. IV.*

349 **Junia.** Tête de Janus. ℞. C. IVNI. Proue (2). As. Br. B.

350 Tête de Jupiter. ℞. Le même (3). Semis. Br. TB.

351 Tête d'Hercule. ℞. Le même (5). Quadrans. Br. B.

352 C. IVNI. C. F. Les Dioscures (1). — M. IVNI. Même type (8). — Bige de la Victoire (15). Arg. — Ens. 3 p. Très belles.

353 Tête de Salus. ℞. Bige de la Victoire (17 et 18). Arg. — Ens. 2 p. TB.

354 Masque de Silène. ℞. Même bige (19). Arg. TB.

355 Tête de Janus. ℞. D. SILANVS. L. F. Proue (23). As. Br. — Variété de coin. — Ens. 2 p. TB.

356 BRVTVS. Tête de Brutus l'ancien. ℞. AHALA. Tête de Servilius Ahala (30). Arg. Très beau. *Pl. IV.*

357 LIBERTAS. Tête de la Liberté. ℞. BRVTVS. Consul entre 2 licteurs, précédé d'un héraut (31). Arg. FDC. *Pl. IV.*

358 LIBERTAS. Même tête. ℞. Ancre et gouvernail en sautoir (33). Quinaire. Arg. TB. Rare. *Pl. IV.*

359 **Juventia.** C. TAL. Bige de la Victoire (7). Arg. FDC. *Pl. IV.*

360 **Licinia.** Tête de Janus. ℞. MVRENA. Proue (1). As. Br. B.

361 Buste de Rome à g. ℞. P. NERVA. Electeurs dans l'enceinte des comices (7). Arg. TB. *Pl. IV.*

362 P. NERVA. Tête d'Hercule. ℞. ROMA. Proue; au-dessus, une biche (10). Quadrans. Br. TB.

363 Buste d'Apollon à g. ℞. Quadrige de Pallas (16). Arg. TB.

364 S. C. Buste de Vénus. ℞. P. CRASSVS. M. F. Chevalier présentant son cheval (18). Arg. TB. *Pl. IV.*

365 FIDES NERVA. Tête de la Bonne Foi. ℞. A. LICINI. III. VIR. Cavalier traînant un captif (24). Arg. TB.

366 NERVA. Tête de Rome. ℞. A. LICINI. Victoire marchant à dr. (25—60 fr.). Quinaire. Arg. TB. Très rare. *Pl. IV.*

367 **Livineia.** Tête de Régulus. ℞. REGVLVS. F. PRAEF. VR. Chaise curule entre 2 faisceaux (8). Arg. Très beau.

368 REGVLVS. PR. Même tête. ℞. L. LIVINEIVS. REGVLVS. Chaise curule entre 6 faisceaux (10). Arg. Très beau. *Pl. IV.*

369 Variété sans la lég. de la tête (1). Arg. FDC.

370 Même droit. ℞. L. REGVLVS. Deux belluaires combattant dans le cirque (12). Arg. FDC.

371 Même droit. ℞. L. LIVINEIVS. REGVLVS. Modius entre 2 épis (13). Arg. Très beau. *Pl. IV.*

372 **Lollia.** HONORIS. Tête de l'Honneur. ℞. PALIKANVS. Chaise curule entre 2 épis (1). Arg. FDC. Rare. *Pl. IV.*

373 LIBERTATIS. Tête de la Liberté. ℞. Même lég. La tribune aux harangues (2). Arg. FDC. *Pl. IV.*

374 **Lucilia.** M. LVCILI. RVF. Bige de la Victoire (1). Arg. FDC.

375 **Lucretia.** TVIO. Tête de Rome. ℞. CN. LVCR. ROMA. Les Dioscures (1). Arg. Très beau. *Pl. IV.*

376 Tête du Soleil. ℞. Croissant et 7 étoiles (2). Arg. FDC.

377 Tête de Neptune. ℞. Cupidon sur un dauphin (3). Arg. FDC.

378 **Lutatia.** Q. LVTATI. Q. Galère et couronne (2). Arg. Très beau.

379 **Maenia.** Tête de Janus. ℞. MAE. ROMA. Proue; au-dessus, un bouclier rond (2). As. Br. B.

380 Tête d'Hercule. ℞. Le même (5). Quadrans. Br. TB. Rare.

381 P. MAE. Les Dioscures (1). — P. MAE. ANT. Quadrige de la Victoire (7). Arg. — Ens. 2 p. TB.

382 **Maiania** C. MAIANI. Bige de la Victoire (1). Arg. TB.

383 Tête de Janus. ℞. C. MAIANI. Proue (2). As. Br. B.

384 **Mallia.** AP. CL. T. MAL. Q. VR. Victoire dans un trige (1). Arg. TB.

385 Variété avec T. MAL. AP. CL. Q. VR. (2). Arg. Très beau.

386 **Mamilia.** Tête de Janus. ℞. L. MAMILI. ROMA. Ulysse au-dessus d'une proue (1—50 fr.). As. Br. B. Très rare.

387 Tête de Rome. ℞. ROMA. Même type (3—25 fr.). Triens. Br. TB. Très rare.

388 Buste de Mercure. ℞. Ulysse et son chien (6). Arg. Très beau.

389 **Manlia.** SER. ROMA. Tête de Rome. ℞. L. MANLI. Q. F. Quadrige du Soleil de face (1). Arg. TB. *Pl. IV.*
Exemplaire dessiné dans Cohen et Babelon.

390 Tête de Rome dans un torquès. ℞. L. TORQVAT. Q. EX. S. C. Cavalier à g. (2). Arg. FDC. *Pl. IV.*

391 L. MANLI. PROQ. Tête de Rome. ℞. L. SVLLA. IM. Sylla dans un quadrige au pas (3). Or. Superbe pièce à fleur-de-coin. Très rare. *Pl. IV.*

392 — La même pièce (4). Arg. FDC.

393 — La tête du droit. ℞. Incus. Arg. B.

394 Variété: les chevaux s'apprêtent à tourner (7). Arg. TB.

395 Tête de la Sibylle. ℞. Trépied dans une couronne (11). Arg. TB.

396 **Marcia**. Tête de Janus. ℟. Q. MARC. LIBO. Proue (2). As. Br. B.
397 Tête de Rome. ℟. Le même (4). Triens. Br. B.
398 Q. MARC. Les Dioscures (1). — M. MARC. Bige de la Victoire sur 2 épis (8). Arg. — Ens. 2 p. TB.
399 Tête d'Hercule. ℟. M. MARC. MAN. F. Proue (10). Quadrans. Br. TB.
400 Tête de Rome. ℟. Q. PILIPVS. ROMA. Le roi Philippe galopant à dr. (11). Arg. FDC. *Pl. IV.*
401 Tête de Philippe V. ℟. Statue équestre (12). Arg. Très beau.
402 — La même tête. ℟. Incus. Arg. TB.
403 Q. MAR. C. F. L. R. ROMA. Quadrige de la Victoire (16). Arg. — Autre avec C. F. L. R. Q. M. (17). Arg. — Ens. 2 p. TB.
404 Têtes de Numa et d'Ancus. ℟. Cavalier sur 2 chevaux (18). — Tête d'Apollon. ℟. Cheval courant (19). Arg. — Ens. 2 p. TB.
405 Têtes accolées. ℟. C. CENSO. Colonne de la Victoire et proue sous 2 arches (20). As. Br. B.
406 Même droit. ℟. Même lég. Deux proues; entre elles, la colo[n] de la Victoire (21). As. Br. B.
407 L. CENSOR. Le satyre Marsyas debout (24). Arg. FDC.
408 Tête de Vénus. ℟. Bige de Vénus (27). Arg. TB.
409 ANCVS. Tête d'Ancus Marcus. ℟. PHILIPPVS. Statue équestre des arceaux (28). Arg. Très beau.
410 **Maria**. Tête de Janus. ℟. Q. MARI. ROMA. Proue (1 — 40 fr.). As. MB. Très rare.
411 C. MARI. C. F. CAPIT. Tête de Cérès. ℟. Colon avec 2 bœufs (7). Arg. TB.
412 Variété avec S. C. au revers (8). Arg. TB. Rare. *Pl. IV.*
413 Autre; CAPIT au droit et C. MARI. C. F. S. C. au revers (9). Arg. TB.
414 **Matiena**. MAT en monogr. ROMA. Les Dioscures (2). Arg. FDC. *Pl. IV.*
415 Tête de Janus. ℟. MAT. ROMA. Proue (4). As. Br. TB.
416 Tête de Jupiter. ℟. Le même (5). Semis. Br. B.
417 Tête d'Hercule. ℟. Le même (7). Quadrans. Br. B.
418 **Memmia**. Les Dioscures debout de face (1). Arg. TB.
419 — Tête imberbe, droit du précédent. ℟. Incus. Arg. TB.
420 ROMA. Tête de Saturne. ℟. L. MEMMI. GAL. Vénus dans un bige, couronnée par l'Amour (2). Arg. FDC.
421 Tête d'Hercule. ℟. L. MEMMI. ROMA. Proue terminée par une tête de Vénus couronnée par l'Amour (5). Quadrans. Br. Très beau. Patine vert clair. Rare. *Pl. IV.*
422 EX. S. C. ℟. L. C. MEMIES. L. F. GAL. Mêmes types (8). Arg. FDC.
[4]23 Tête de Romulus. ℟. Cérès assise (9). Arg. TB.

424 C. MEMMI. C. F. Tête de Cérès. ℞. C. MEMMIVS. IMPERATOR. Captif au pied d'un trophée (10). Arg. Très beau. *Pl. IV.*

425 **Minucia**. Q. MINV. ROMA. Les Dioscures (13). Arg. Très beau.

426 Tête de Jupiter. ℞. C. AVG. ROMA. Proue (4). Semis. Br. TB.

427 Tête d'Hercule. ℞. Le même (6). Quadrans. Br. B.

428 C. AVG. Colonne frumentaire entre 2 hommes (3). — L. MINVCI. C. F. AVGVRINI. Même type (9). Arg. — Ens. 2 p. TB.

429 Tête de Jupiter. ℞. TI. AVGVRI. ROMA. Proue; au-dessus, le lituus (11). Semis. Br. B.

430 L. MINVCI. Quadrige de Jupiter (15). Arg. FDC.

431 Tête d'Hercule. ℞. L. MINVCI. ROMA. Proue (18). Quadrans. Br. Très beau. Patine verte. *Pl. IV.*

432 Q. THERM. M. F. Guerriers combattant à pied (19). Arg. TB.

433 **Mussidia**. Le vaisseau des cloaques (6). Arg. Très beau.

434 **Naevia**. Tête de Janus. ℞. BAL. ROMA. Proue (1). As. Br. B.

435 C. NAE. BALB. Victoire dans un bige (6). Arg. FDC.

436 — S. C. Tête de Vénus; droit du précédent. ℞. Incus. Arg. TB.

437 **Neria**. NERI. Q. VRB. Tête de Saturne. ℞. L. LENT. C. MARC. COS. Aigle entre 2 enseignes (1). Arg. TB. Rare. *Pl. IV.*

438 **Nonia**. SVFENAS. S. C. Tête de Saturne. ℞. SEX. NONI. PR. L. V. P. F. Rome assise, couronnée par la Victoire (1). Arg. FDC. *Pl. V.*

439 **Norbana**. Tête de Vénus. ℞. Proue, faisceau, caducée et épi (1). Arg. TB.

440 Variété. Epi, faisceau et caducée (2). Arg. FDC.

441 — Tête de Vénus, droit du précédent. ℞. Incus. Arg. TB.

442 **Numitoria**. ROMA. Tête de Rome. ℞. C. NVMITORI. La Victoire dans un quadrige (1 — 400 fr.). Arg. TB. De la plus grande rareté. *Pl. IV.*

443 Tête d'Hercule. ℞. C. NVMITORI. Proue (4). Quadrans. Br. B. Rare.

444 **Numonia**. C. NVMONIVS VAALA. Tête nue à dr. ℞. VAALA. Légionnaire attaquant un vallum défendu par 2 ennemis (2 — 150 fr.). Arg. Très beau et très rare. *Pl. V.*

445 **Ogulnia**. Tête d'Apollon Véjovis. ℞. OGVL. CAR. VER. Quadrige de Jupiter (1). Arg. Très beau. Très rare. *Pl. V.*

446 Tête de Janus. ℞. OGVL. VER. CAR. Proue à g. (7). As. Br. TB.

447 Variété; OGVL. CAR. et C au-dessus de la proue (8). As. Br. TB. *Pl XI.*

448 **Opimia**. Tête de Janus. ℞ OPEIMI. ROMA. Proue (1). As. Br. B.

449 Autre avec OПEI. ROMA. (7). As. Br. TB.

450 L. OPEIMI. Quadrige de la Victoire (12). Arg. Très beau.

451 M. OPEIMI. Apollon dans un bige (16). Arg. TB.

452 **Oppia**. Tête de Vénus. ℞. Q. OPPIVS. PR. Victoire à g. tenant une palme et des fruits (1). MB. TB. Rare.

453 **Papia**. Tête de Junon Sospita : derrière, une coupe. ℞. L. PAPI. Griffon courant : dessous, une lampe (1). Arg. Très beau.

454 — Autre : tête de bélier et capis. Arg. Très beau. *Pl. V.*

455 — Autre : cothurne et masque tragique. Arg. Très beau. *Pl. V.*

456 — Autre ; javelot et pied de Mercure. Arg. TB. *Pl. V.*

457 — Autre ; pied de chaise curule et marque indéterminée. Arg. TB. *Pl. V.*

458 — Autre : harpon et tête d'éléphant. Arg. Très beau.

459 — Autre avec un pic et un marteau. Arg. TB.

460 — Autre avec une enseigne et un serpent. Arg. TB.

461 — Autres ; flûtes et syrinx. Arg. Très beau.

462 — Autre : bucrane et hache. Arg. TB.

463 — Autre ; vase suspendu et trépied (?). Arg. TB.

464 — Autre : dauphin et thon. Arg. TB.

465 — Autre ; feuille de vigne et feuille de lierre. Arg. TB.

466 — Autre ; miroir et couteau. Arg. Très beau.

467 — Autre : fuseau et quenouille. Arg. TB.

468 — Autre : quenouille et bobines. Arg. Très beau.

469 — Autre : vase et lampe. Arg. TB.

470 — Autre : simpule et couteaux. Arg. TB.

471 — Autre : autel et autel allumé. Arg. TB.

472 — Autre ; apex et simpule. Arg. TB.

473 — Autre ; harpé et pétase. Arg. et TB.

474 — Autre ; plume de coq et plume de paon. Arg. TB.

475 — Autre : fouet et vase. Arg. TB.

476 — Autre ; pot et vase. Arg. TB.

477 — Autre : papillon et abeille. Arg. TB.

478 — Autre ; modius et une autre mesure. Arg. TB.

479 — Autre ; vase et outre. Arg. TB.

480 — Autre : épieu et gril (?). Arg. TB.

481 — Autre ; tranchet et racloir. Arg. TB.

482 — Autre ; chasse-mouches (?) et hochet (?). Arg. TB.

483 — Autre : épissoir et masse. Arg. TB.

484 — Autre ; trois lattes et chasse-mouches ? Arg. TB.

485 — Autre ; arc dans son étui et sabre. Arg. TB.

486 — Autre : outil emmanché et pic. Arg. Très beau.

487 — Autre; amphore et diota. Arg. Très beau.
488 — Autre; amphore et trépied. Arg. Très beau.
489 — Autre; roue à 4 rayons et roue à 8. Arg. TB.
490 — Autre; planoir et truelle. Arg. TB.
491 — Autre; pince (?) et candélabre (?). Arg. TB.
492 — Autre; aplustre et proue. Arg. TB.
493 — Autre; fruit (?) et grenade (?). Arg. B.
494 Même tête. ℞. L. PAPIVS. CELSVS. III VIR. Louve devant un aigle (2). Arg. TB.
495 TRIVMPHVS. Tête à dr. ℞. Le précédent (3). Arg. TB.
496 **Papiria.** Tête de Janus. ℞. TVRD. ROMA. Proue (1). As. Br. B.
497 M. CARBO. ROMA. Quadrige de Jupiter (6). — Autre avec CARB. ROMA (7). Arg. — Ens. 2 p. TB.
498 Variété; tête de Rome du n° 6 et ℞ du n° 7 (manque à Bab. et à Bahrfeldt). Arg. TB. Très rare. *Pl. V.*

Comparez la note de Babelon, p. 289, qui signale une pièce hybride composée de la tête du n° 7 et du ℞ du n° 6.

499 **Petillia.** PETILLIVS. CAPITOLINVS. Aigle sur un foudre. ℞. S. F. Temple hexastyle (3). Arg. Très beau. *Pl. V.*
500 **Pinaria.** NATTA. ROMA. Bige de la Victoire (1). — Autre avec NAT (2). Arg. — Ens. 2 p. TB.
501 Tête de Janus. ℞. NAT. ROMA. Proue (3). As. Br. B.
502 Tête de Rome. ℞. Le même (5). Triens. Br. TB. Rare.
503 **Plaetoria.** MONETA. S. C. Tête de Junon Moneta. ℞. L. PLAETORI. L. F. Q. S. C. Athlète courant à dr. (2). Arg. Très beau. Rare. *Pl V.*
504 CESTIANVS. Tête de Cybèle. ℞. M. PLAETORIVS. AED. CVR. EX. S. C. Chaise curule (3). Arg. FDC. *Pl. V.*
505 CESTIANVS. S. C. Buste casqué de Vacuna. ℞. M. PLAETORIVS. M. F. AED. CVR. Aigle sur un foudre (4). Arg. TB. *Pl. V.*
506 Tête de Bonus Eventus. ℞. M. PLAETORI. CEST. EX. S. C. Caducée ailé (5). Arg. FDC. *Pl. V.*
507 — Même droit. ℞. Incus. Arg. TB.
508 Tête diadémée de femme. ℞. Même lég. Capis et torche (7). Arg. Très beau. *Pl. V.*
509 **Plancia.** Tête de Diane. ℞. Bouquetin (1). Arg. TB.
510 **Plautia.** Tête de Rome. ℞. ROMA. Les Dioscures; au-dessus, monogr. L. PL. H (2). Arg. TB. Rare *Pl. V.*
511 Tête de Janus. ℞. L. PL. H. ROMA. Proue (3). As. Br. B. Rare.
512 P. YPSAE. S. C. Tête de Neptune. ℞. C. YPSAE. COS. PRIV. CEPIT. Quadrige de Jupiter à g. (11). Arg. FDC. *Pl. V.*

513 Même lég. Tête diadémée de Leuconoé. ℞. Le précédent (12). Arg. Très beau. *Pl. V.*

514 Masque. ℞. L'Aurore et 4 chevaux (14). Arg. TB.

515 **Plutia**. C. PLVTI. ROMA. Les Dioscures (1). Arg. TB.

516 **Poblicia**. Vercingétorix dans un bige (1). Arg. B.

517 Tête d'Apollon. ℞. Victoire couronnant Rome (4). Arg. FDC.

518 Tête de Mars. ℞. C. MAL. Héros debout (6). Arg. FDC.

519 Hercule étouffant le lion de Némée (9). Arg. FDC.

520 **Pompeia**. Tête d'Hercule. ℞. SEX. POM. ROMA. Proue; au-dessus, un vase (3). Quadrans. Br. TB. Rare.

521 RVFVS. COS. Q. POM. RVFI. Tête de Pompeius Rufus. ℞. SVLLA. COS. Tête de Sylla (4). Arg. Très beau *Pl. V.*

522 Q. POMPEI. Q. F. RVFVS. COS. Chaise curule ℞. SVLLA. COS. Q. POMPEI RVF. Chaise curule (5). Arg. Très beau.

523 **Pomponia**. Tête de Janus. ℞. L. POMP. ROMA. Proue (1). As. Br. B.

524 Tête d'Hercule. ℞. Le même (4). Quadrans. Br. TB.

525 L. POMPON. MOLO. Tête d'Apollon. ℞. NVM. POMPIL. Numa et un victimaire sacrifiant un bouc (6). Arg. TB. Rare. *Pl. V.*

526 Q. POMPONI. MVSA. Tête d'Apollon. ℞. HERCVLES. MVSARVM. Hercule jouant de la lyre (8). Arg. TB. Rare *Pl. V.*

527 Tête d'Apollon. ℞. Q. POMPONI. MVSA. Calliope jouant d'une lyre posée sur un cippe (9). Arg. TB. Rare *Pl. V.*

528 Même tête. ℞. Même lég. Clio à g., appuyée sur un cippe et tenant un volume (11). Arg. Très beau. Rare *Pl. V.*

529 Même tête. ℞. Même lég. Erato debout de face, tenant sa lyre de la main g. et en jouant de la dr. (12). Arg. TB. De la plus grande rareté *Pl. V*

530 Même tête. ℞. Même lég. Euterpe à dr., appuyée sur un cippe et tenant 2 flûtes (13). Arg. Très beau. Rare *Pl. V.*

531 Même tête. ℞. Même lég. Melpomène de face, tenant une massue et un masque (14). Arg. Très beau. Rare *Pl. V.*

532 Même tête. ℞. Même lég. Polymnie couronnée, drapée dans un manteau (15). Arg. TB. Rare *Pl. V.*

533 Même tête. ℞. Même lég. Terpsichore jouant de la lyre et tenant le plectrum (17). Arg. TB. Rare *Pl. VI.*

534 Variété: une tortue derrière la tête d'Apollon (18). Arg. FDC. Rare *Pl. VI.*

535 Même tête. ℞. Même lég. Thalie tenant un masque et appuyée sur un cippe (19). Arg. Très beau. Rare *Pl. VI.*

536 Même tête. ℞. Même lég. Uranie touchant avec une baguette un globe sur un cippe (22). Arg. Très beau. Rare *Pl. VI.*

537 **Porcia**. C. CATO. Bige de la Victoire (1). — M. PORC. Quadrige de la Liberté (3). Arg. — Ens. 2 p. TB.
538 — LAECA. — Tête de Rome du précédent. ℞. Incus. Arg. TB.
539 P. LAECA. Tête de Rome. ℞. PROVOCO. Guerrier entre un citoyen en toge et un licteur (4). Arg. TB.
540 Tête de la Liberté. ℞. VICTRIX. Victoire assise à dr. (5). — Mêmes types (7). Quinaire. Arg. — Ens. 2 p. TB.
541 L. LIC. CN. DOM. Bituit dans un bige (8). Arg. Tres beau.
542 Buste de la Liberté. ℞. Victoire assise (10). Arg. Tres beau.
543 **Postumia**. Mars portant un trophée dans un quadrige (1). Arg. TB.
544 Buste de Diane. ℞. Trois cavaliers à g. (4). Arg. TB.
545 Tête d'Apollon. ℞. A. ALBINVS. S. F. Les Dioscures faisant boire leurs chevaux dans la fontaine Juturne (6). Arg. TB.
546 Buste de Diane. ℞. Sacrificateur et taureau (7). Arg. TB.
547 Tête de l'Espagne. ℞. Citoyen, aigle et faisceau (8). Arg. TB.
548 Buste de Diane. ℞. Chien courant (9). Arg. TB.
549 Tête de Mars. ℞. Deux carnyx en sautoir (11). Arg. Tres beau.
550 Tête nue. ℞. ALBINV. BRVTI. F. Couronne d'épis (14). Arg. TB.
551 **Procilia**. Junon Sospita combattant (1). Arg. Tres beau.
552 Junon Sospita dans un bige (2). Arg. FDC.
553 **Proculeia**. Tête de Jupiter en Terme. ℞. C. PROCVLEI. L. F. Raie (1. — 40 fr.). MB. B. Rare.
554 **Quinctia**. T. Q. ROMA. Les Dioscures et un bouclier (2). Arg. TB.
555 Tête d'Hercule. ℞. T. Q. ROMA. Proue (5 — 20 fr. Quadrans. Br. TB. Patine vert clair. Rare *Pl. VI.*
556 Cavalier sur deux chevaux à g.; au bas un rat (6). Arg. TB.
557 **Quinctilia**. Tête de Rome. ℞. SX. Q. ROMA. Les Dioscures (1 — 20 fr.). Arg. FDC. Rare *Pl. VI.*
558 **Renia**. Junon dans un bige de boucs (1). Arg. Tres beau.
559 **Roscia**. L. ROSCI. Tête de Junon lanuvienne; derriere, tête de Pan. ℞. FABATI. Fille nourrissant un dragon; derriere, pedum (1). Arg. FDC. *Pl. VI.*
560 — Variété; vase au droit et bâton au revers. Arg. TB.
561 — Autre; harpe et trompette. Arg. TB.
562 — Autre; bouclier et dard. Arg. FDC. *Pl. VI.*
563 — Autre; chaise curule et tabouret. Arg. TB.
564 **Rubria**. Tête de Junon. ℞. Char triomphal (2). Arg. TB.
565 Buste de Rome. ℞. Même char (3). — Tête de Neptune. ℞. Victoire (4). Quinaire. Arg. — Ens. 2 p. TB.
566 Tête de Janus; entre les têtes, un autel. ℞. L. RVBRI. DOSSEN. Proue (5). As. Br. TB.

567 Double tête d'Hercule avec Mercure. ℞. Même lég. Proue derrière un temple distyle renfermant un autel (6). As. Br. B.
568 **Rustia**. Tête de Mars. ℞. L. RVSTI. Bélier (1). Arg. FDC. *Pl. VI.*
569 **Rutilia**. L. RVTILI. Buste de la Victoire (1). Arg. TB.
570 **Satriena**. Tête de Rome. ℞. Louve à g. (1). Arg. FDC.
571 **Saufeia**. L. SAVF. ROMA. Bige de la Victoire (1). Arg. FDC.
572 Tête de Janus. ℞. L. SAVF. Proue (2). As. Br. TB.
573 Tête de Jupiter. ℞. La même (3). Semis. Br. TB.
574 **Scribonia**. C. SCR. ROMA. Les Dioscures (1). Arg. TB.
575 Tête d'Hercule. ℞. C. SCR. ROMA. Proue (5 — 12 fr.). Quadrans. Br. B.
576 Tête de Bonus Eventus. ℞. Margelle de puits (8). Arg. FDC.
577 **Sempronia**. L. SEMP. ROMA. Les Dioscures (2). Arg. Très beau.
578 PITIO. Tête de Rome : droit du précédent. ℞. Incus. Arg. TB.
579 PITIO. Tête de Janus. ℞. L. SEMP. Proue (3). As. Br. B.
580 **Sentia**. Quadrige de Jupiter (1). Arg. Très beau.
581 **Sergia**. Cavalier tenant une tête de gaulois (1). Arg. TB.
582 — Tête de Rome : droit du précédent. ℞. Incus. Arg. TB.
583 **Servilia**. Les Dioscures en sens contraire (1). Arg. TB.
584 ROMA. Tête d'Hercule. ℞. C. SERVEILI. M. F. Proue et couronne (3). Quadrans. Br. TB. Rare. Patine verte.
585 — Variété : ROMA en place de la couronne. Quadrans. Br. B. Rare.
586 Tête de Rome. R. Cavalier combattant (5). Arg. TB.
587 Tête d'Apollon. ℞. Le précédent (7). Arg. TB.
588 Cavaliers combattant à pied (13). Arg. TB.
589 P. SERVILI. M. F. Bige de la Victoire (14). Arg. Très beau.
590 RVLLI. Buste de Pallas ; droit du précédent. ℞. Incus. Arg. TB.
591 Guerriers se présentant leurs épées (15). Arg. TB.
592 **Sicinia**. Q. SICINIVS. III VIR. Tête d'Apollon. ℞. C. COPONIVS. PR. S. C. Massue et peau de lion (1). Arg. Très beau. *Pl. VI.*
593 Même lég. Tête d'Apollon à g. ℞. Le même (4 — 30 fr.). Arg. TB. Rare. *Pl. VI.*
594 Tête de la Fortune. ℞. Caducée et palme (5). Arg. TB.
595 **Spurilia**. A. SPVRI. Bige de Diane (1). Arg. B.
596 **Statia**. Tête de Neptune. ℞. MVRCVS. IMP. Murcus, préfet de la flotte, relevant l'Asie devant un trophée (1). Arg. TB. Très rare. *Pl. VI.*
597 **Sulpicia**. Soldats prêtant serment sur un porc (1). Arg. TB.
598 P. GALB. AE. CVR. Instruments de sacrifice (7). Arg. TB.
599 SER. SVLP. Tête d'Apollon. ℞. Trophée naval entre 2 prisonniers grecs (8). Arg. TB. Rare. *Pl. VI.*

600 **Terentia.** VAR. ROMA. Les Dioscures (1). Arg. B.

601 Variété avec C. VAR. ROMA. (2). Arg. TB. Rare. *Pl. VI.*

602 Tête de Janus. ℟. VARO ROMA. Proue (4). As. Br. B.

603 C. TER. LVC. ROMA. Les Dioscures (10). Arg. TB.

604 Tête de Janus, ℟. C. TER. LVC. ROMA. Victoire au dessus d'une proue (11). As. Br. B.

605 Tête de Rome. ℟. Le même (13). Triens. Br. B. Rare.

606 **Thoria.** Tête de Junon. ℟. Taureau à dr. (1). Arg. FDC.

607 — Même tête de Junon lanuvienne. ℟. Incus. Arg. TB.

608 **Titia.** Tête de Mutinus Titunus. ℟. Pégase (1). — Autre avec tête de Bacchus (2). Arg. — Ens. 2 p. TB.

609 Buste de la Victoire. ℟. Pégase (3). Quinaire. Arg. TB.

610 Tête de Janus. ℟. Q. TITI. Proue (4). As. Br. B.

611 **Titinia.** Tête de Jupiter. ℟. M. TITINI Proue (2). Semis. Br. B.

612 C. TITINI. Bige de la Victoire (7). Arg. TB.

613 **Tituria.** Tête de Tatius. ℟. L'Enlevement des Sabines (1 et 3). Arg. — Ens. 2 p. TB.

614 Le supplice de Tarpeia (4). — Bige de la Victoire (6). Arg. Ens. 2 p. TB.

615 Tête de Janus. ℟. L. TITVRI. SABINVS. Proue (7). As. Br. TB.

616 **Trebania.** L. TREBANI. Quadrige de Jupiter (1). Arg. TB.

617 Tête de Jupiter. ℟. L. TREBANI. Proue (2). Semis. Br. TB.

618 Tête d'Hercule. ℟. Le même (4). Quadrans. Br. B.

619 **Tullia.** M. TVLLI. Quadrige de la Victoire (1). Arg. TB.

620 **Valeria.** Tête de Janus. ℟. VAL. ROMA. Proue (1). As. Br. TB.

621 Tête de Jupiter. ℟. Le même (2). Semis. Br. TB. Rare.

622 C. VAL. C. F. FLAC. Bige de la Victoire (7). Arg. TB.

623 Variété avec XVI derrière la tête du droit (8). Arg. TB.

624 Buste de la Victoire. ℟. Mars nu debout (11). Arg. TB.

625 Même droit. ℟. C. VAL. FLA. IMPERAT. EX. S. C. Aigle légionnaire entre 2 enseignes (12). Arg. Très beau. *Pl. VI.*

626 MESSAL. F. Buste casqué de Rome. ℟. PATRE. COS. S. C. Chaise curule ; au bas, un diadème autour d'un sceptre (13). Arg. Très beau et très rare. *Pl. VI.*

627 Tête du Soleil. ℟. Bige de Diane (20). Arg. Très beau.

628 **Vargunteia.** Quadrige de Jupiter (1). Arg. TB.

629 Tête de Jupiter. ℟. M. VARG. Proue (2). Semis. Br. Très beau.

630 Tête de Rome. ℟. Le même (3). Triens. Br. Très beau. *Pl. VI.*

631 Tête d'Hercule. ℟. Le même (4). Quadrans. Br. TB.

632 **Vergilia.** Tête d'Apollon Véjovis. ℟. VER. CAR. OGVL. Quadrige de Jupiter (17). Arg. TB. Extrêmement rare. *Pl. VI.*

633 Tête de Janus. ℞. Même lég. Proue à g. (7). As. Br. TB. Rare.

634 — Variété; L au-dessus de la légende. As. Br. B. Rare.

635 **Vettia**. P. SABIN. Victoire et trophée (1). Quinaire. Arg. TB.

636 SABINVS. S. C.TA. Tête de Tatius. ℞. T. VETTIVS. IVDEX. Vettius dans un bige à g. (2). Arg. TB. Rare. *Pl. VI.*

637 **Veturia**. TI. VET. Buste de Mars. ℞. Serment de 2 soldats sur un porc tenu par un fécial (1). Arg. TB.

638 **Vibia**. Tête de Jupiter. ℞. VIB. ROMA. Victoire couronnant un trophée (p. 537). Victoriat. Arg. FDC.

639 Mêmes types (p. 537). Demi-victoriat. Arg. TB. Rare.

640 Tête d'Apollon. ℞. Quadrige de Pallas à dr. (1 et 2). — Quadrige de Pallas à g. (3). Arg. — Ens. 3 p. TB.

641 PANSA. Quadrige à g. ℞. C. VIBIVS. C. F. Quadrige à dr. (5). Arg. TB.

642 PANSA. Tête d'Apollon. ℞. C. VIBIVS. C. F. Cérès marchant à dr., précédée d'un porc (6). Arg. FDC. Rare. *Pl. VI.*

643 Tête de Janus. ℞. ROMA. C. PANSA. Trois proues et bonnets des Dioscures (10). As. Br. B.

644 Variété avec C. VIBI. PAN. sans les bonnets (11). As. Br. TB.

645 Tête de Jupiter. ℞. C. VIBI. PAN. Proue (13). Semis. As. Très beau. Rare. *Pl. VI.*

646 Tête de Bacchus. ℞. Cérès; devant, une charrue (16). Arg. TB.

647 Masque de Pan. ℞. Jupiter Axur assis (18). Arg. Très beau.

648 Variété; pedum derrière la tête (19). Arg. Très beau.

649 Tête de la Liberté. ℞. C. PANSA. C. F. C. N. Rome assise sur des boucliers; devant, Victoire volant (20). Arg. TB.

650 Tête d'Hercule. ℞. C. VIBIVS. VARVS. Pallas nicéphore debout à dr. (23). Arg. Très beau. *Pl VI.*

651 Panthère grimpant sur un autel (24). Arg. Très beau.

652 Buste de Pallas. ℞. C. VIBIVS. VARVS. Hercule à g., appuyé sur sa massue (26). Arg. Très beau. *Pl. VI.*

653 — Même buste de Pallas. ℞. Incus. Arg. B.

654 Tête de Vénus. ℞. C. VIBIVS. VARVS. Vénus à demi-nue, vue de dos près d'une colonne et tenant un miroir (27 — 400 fr.). Or. B. Rare. *Pl. VI.*

655 **Vinicia**. CONCORDIAE. Tête de la Concorde. ℞. L. VINICI. Victoire volant à dr. (1). Arg. TB. Rare. *Pl. VI.*

656 **Volteia**. Tête de Jupiter. ℞. Temple tétrastyle (1). Arg. TB.

657 Tête d'Hercule. ℞. Sanglier à dr. (2). Arg. Très beau.

658 Tête de Liber. ℞. Cérès dans un bige de serpents (3). Arg. TB.

659 Tête casquée de Corybas. ℞. M. VOLTEI. M. F. Cybèle dans un bige de lions (4). Arg. FDC. *Pl. VI.*

660 Tête de Jupiter. ℞. L. VOL. L. F. STRAB. Europe assise à g. sur un taureau (6). Arg. Très beau. Rare. *Pl. VI.*

Pompée le Grand (1)

661 M. POBLICI. LEG. PRO. PR. Tête de Pallas. ℞. CN. MAGNVS. IMP. Pompée reçu par l'Espagne (C. 1. — B. *Pompeia.* 9). Arg. TB. Rare. *Pl. VII.*

662 MAGN. PIVS. IMP. F. Tête de Janus séparée par un autel. ℞. EPPIVS. LEG. Proue (C. 2. — B. *Pompeia.* 19 et *Eppia.* 2). As. Br. TB. Rare *Pl. XI.*

663 VARRO. PROQ. Buste de Jupiter en Terme. ℞. MAGN. PROCOS. Sceptre entre un dauphin et un aigle (C. 3. — B. *Terentia.* 15). Arg. TB. Rare. *Pl. VII.*

664 CN. PISO. PROQ. Tête de Numa; sur le diadème, NVMA ℞. MAGN. PROCOS. Proue (C. 4. — B. *Calpurnia.* 30). Arg. Très beau. Rare. *Pl. VII.*

665 SEX. MAGN. PIVS. IMP. Tête nue de Pompée à dr. ℞. PIETAS. La Piété debout à g. (C. 12. — B. *Pompeia.* (16-120 fr.). Arg. TB. Extrêmement rare. *Pl. VII.*

666 MAGN. Double tête de Pompée. ℞. PIVS. IMP. Proue (C. 16. — B. *Pompeia.* 20). As. Br. TB.

667 MAG. PIVS. IMP. ITER. Même tête. ℞. Neptune entre les frères de Catane (C. 17. — B. *Pompeia.* 27). Arg. TB. Rare. *Pl. VII.*

Jules César

668 C. CAESAR. COS. TER. Tête de la Piété. ℞. A. HIRTIVS. PR. Instruments de sacrifice (C. 2. — B. *Hirtia.* 1). Or. TB. *Pl. VII.*

669 CAES. DIC. QVAR. Buste de Vénus. ℞. COS. QVINC. dans une couronne de laurier (C. 20. — B. *Julia.* 30). Or. TB. Rare. *Pl. VII.*

670 COS. TER. DICT. ITER. Tête de Cérès. ℞. AVGVR. PONT MAX. Instruments de sacrifice (C. 4. — B. *Julia.* 16). Arg. FDC. *Pl. VII.*

671 M. SANQVINIVS. III. VIR. Sa tête laurée. ℞. AVGVST. DIVI. F. LVDOS. SAEC. Prêtre salien (C. 6. — B. *Sanquinia.* 2). Arg. TB. Très rare. *Pl. VII.*

672 CAESAR. DIC. TER. Buste de la Victoire. ℞. C. CLOVI. PRAEF. Pallas à g. (C. 7. — B. *Clovia.* 11). MB. Très belle pièce. Patine verte. *Pl. X.*

---

(1) Les numéros qui précèdent ceux de l'ouvrage de M. E. Babelon sont ceux de H. Cohen. *Description historique des monnaies frappées sous l'Empire romain.* 2e édition.

673 CAESAR. PARENS. PATRIAE. Sa tête voilée. ℞. C. COSSVTIVS. MARIDIANVS. A. A. A. F. F. en croix (C. 8. — B. *Julia*. 43). Arg. Très beau. Rare. *Pl. VII.*

674 CAESAR. DICT. PERPETVO. Tête voilée. ℞. C. MARIDIANVS. Vénus nicéphore à g. (C. 9. — B. *Julia*. 41). Arg. TB. Très rare. *Pl. VII.*

675 Tête de Vénus. ℞. CAESAR. Enée portant Anchise (B. 12. — B. *Julia*. 10). Arg. Jolie pièce. FDC. *Pl VII.*

676 Trophée et 2 captifs (C. 13. — *Julia*. 11). Arg. Très beau.

677 IT. Tête de Vesta. ℞. CAESAR. Trophée entre une couronne et un bouclier (C. 16. — B. *Julia*. 29). Quinaire. Arg. TB. Très rare. *Pl. VIII.*

678 IT. Tête de la Piété. ℞. Incus (C. 18. — B. *Julia*. 26). Arg. TB.

679 CAESAR. IM. P. M. Sa tête laurée. ℞. L. AEMILIVS. BVCA. Vénus nicéphore à g. (C. 22. — B. *Julia*. 34). Arg. TB. Rare. *Pl. VII.*

680 CAESAR. DICT. PERPETVO. Même tête. ℞. L. BVCA. Caducée et faisceau, globe, hache et mains jointes (C. 25. — B. *Julia*. 37). Arg. TB. Rare. *Pl. VII.*

681 Tête laurée. ℞. L. FLAMINIVS. IIII VIR. Femme à g. tenant un caducée (C. 26. — B. *Flaminia*. 3). Arg. TB. Rare. *Pl. VII.*

682 Même tête. ℞. L. LIVINEIVS. REGVLVS. Taureau courant à dr. (C. 27. — B. *Julia*. 57). Arg. TB. Rare. *Pl. VII.*

683 CAESAR. IMPER. Même tête. ℞. M. METTIVS. Vénus nicéphore à g. (C. 35. — B. *Julia*. 33). Arg. TB. Rare. *Pl. VII.*

684 CAESAR. DICT. PERPETVO. Même tête. ℞. P. SEPVLLIVS. MACER. Vénus nicéphore à g. (C. 38. — B. *Julia*. 48). Arg. TB. Rare. *Pl. VII.*

685 Variété; tête voilée et laurée (C. 39. — B. *Julia*. 50). Arg. TB. Rare. *Pl. VII.*

686 CAESAR. IMP. Tête laurée. ℞. Même lég. et type, une étoile au bas du sceptre de Vénus (C. 41. — B. *Julia*. 46). Arg. Très beau. Rare. *Pl. VII.*

687 Tête laurée. ℞. Q. VOCONIVS. VITVLVS. Q. DESIGN. S. C. Veau à g. (C. 45. — B. *Voconia*. 1). Arg. TB. Rare. *Pl. VII.*

688 Même tête. ℞. SEMPRONIVS. GRACCVS. Q. DESIG. S. C. Enseigne, aigle, charrue et sceptre (C. 48. — B. *Sempronia*. 11). Arg. Très beau. Rare. *Pl. VII.*

689 CAESAR. Eléphant. ℞. Instruments de sacrifice (C. 49. — B. *Julia* 9). Arg. TB.

690 — Instruments de sacrifice. Incus. Arg. TB.

Jules César et Marc Antoine

691 CAESAR. DIC. Tête laurée de César. ℞. M. ANTO. IMP. R. P. C. Tête nue d'Antoine (C. 3. — B. *Antonia*. 5). Arg. TB. Rare. *Pl. VII.*

Jules César et Octave

692 C. CAESAR. DICT. PERP. PONT. MAX. Tête laurée de César. ℞. C. CAESAR COS. PONT. Tête nue d'Octave (C. 2. — B. *Julia*. 64). Or. TB. Très rare. *Pl. VII.*

693 M. SANQVINIVS. III VIR. Même tête de César. ℞. AVGVSTVS. DIVI. F. Tête nue d'Auguste (C. 1. — B. *Sanquinia*. 3). Arg. TB. Rare. *Pl. VII.*

694 DIVOS. IVLIVS. Tête laurée de César. ℞. CAESAR. DIVI. F. Tête nue d'Octave (C. 3. — B. *Julia*. 98). GB. TB. Patine verte. *Pl. XI.*

Brutus

695 CASCA. LONGVS. Tête de Neptune. ℞. BRVTVS. IMP. Victoire à dr. (C. 3. — B. *Junia*. 44). Arg. TB. Rare. *Pl. VII.*

696 COSTA. LEG. Tête laurée de la Liberté. ℞. BRVTVS. IMP. Trophée (C. 4. — B. *Junia*. 42). Arg. FDC. Rare. *Pl. VII.*

697 LEIBERTAS. Tête nue de la Liberté. ℞. CAEPIO. BRVTVS. PRO. COS. Lyre (C. 5. — B. *Junia*. 34). Arg. Très beau. Rare. *Pl. VIII.*

698 BRVTVS. Hache, simpule et couteau. ℞. LENTVLVS. SPINT. Vase et lituus (C. 6. — B. *Junia*. 41). Arg. Très beau. Rare. *Pl. VIII.*

699 C. FLAV. HEMIC. LEG. PROPR. Buste d'Apollon. ℞. Q. CAEP. BRVT. IMP. Victoire à g., couronnant un trophée (C. 7. — B. *Flavia*. 1). Arg. TB. Très rare. *Pl. VIII.*

700 L. SESTI. PROQ. Buste de la Liberté. ℞. Q. CAEPIO. BRVTVS. PRO. COS. Trépied (C. 11. — B. *Junia*. 37). Arg. Très beau. Rare. *Pl. VIII.*

701 Même droit. ℞. Même lég. Victoire marchant à dr. (C. 12. — B. *Junia* 38). Quinaire. Arg. TB. Très rare. *Pl. VIII.*

702 BRVT. IMP. L. PLAET. CEST. Sa tête nue. ℞. EID. MAR. Bonnet entre 2 poignards (C. 15. — B. *Junia*. 52). Arg. TB. Belle pièce, intéressante et extrêmement rare. *Pl. VIII.*

Cassius

703 C. CASSI. IMP. Tête laurée de la Liberté. ℞. M. SERVILIVS. LEG. Acrostolium (C. 8. — B. *Cassia*. 20). Or. TB. Très rare. *Pl. VIII.*

704 C. CASSI. IMP. LEIBERTAS. Tête diadémée de la Liberté. ℞. LENTVLVS. SPINT. Vase et lituus C. 4. — B. *Cassia*. (16). Arg. TB. *Pl. VIII.*

705 Variété : buste diadémé et voilé de la Liberté C. 6. — B. *Cassia*. (18). Arg. TB. *Pl. VIII.*

Domitius Ahenobarbus

706 AHENOBAR. Sa tête nue. ℞. CN. DOMITIVS. IMP. Trophée sur une proue B. *Domitia*. (21). Arg. Très beau. Rare. *Pl. VIII.*

Labiénus

707 Q. LABIENVS. PARTHICVS. IMP. Sa tête nue. ℞. Cheval sellé et bridé à dr. C. 2—600 fr. — B. *Atia*. (3). Arg. Très belle pièce, de beau style et de la plus grande rareté. *Pl. VIII.*

Sextus Pompée, Pompée et Cn. Pompée fils

708 MAG. PIVS. IMP. ITER. Tête nue de Sextus Pompée, le tout dans une couronne de chêne. ℞. PRÆF. CLAS. ET. ORÆ. MARIT. EX. S. C. Têtes nues du grand Pompée et de Cnéus en regard, entre un lituus et un trépied C. 1. — B. *Pompeia*. (24). Or. TB. Bel exemplaire de cette pièce intéressante et rarissime. *Pl. VIII.*

Lépide et Marc Antoine

709 LEP. IMP. Simpule, aspersoir, hache et apex. ℞. M. ANT. IMP. Lituus vase et corbeau C. 3. — B. *Æmilia*. (30). Quinaire. Arg. B.

Lépide et Octave

710 LEPIDVS. PONT. MAX. III. VIR. R. P. C. Sa tête nue. ℞. CAESAR. IMP. III. VIR. R. P. C. Tête nue d'Octave C. 2. — B. *Æmilia*. (35). Arg. TB. Très rare. *Pl. VIII.*

Marc Antoine

711 M. ANTO. COS. III. IMP. IIII. Tête d'Ammon. ℞. ANTONIO. AVG. SCARPVS. IMP. Victoire à dr. C. 1. — B. *Antonia*. (98). Arg. TB. Rare. *Pl. VIII.*

712 L. ATRATINVS. AVGVR. Tête de Janus. ℞. ANTONIVS. IMP. Proue C. 3 — B. *Antonia*. (65) et *Sempronia*. (14). As. Br. TB. Très rare. *Pl. IX.*

713 ANTONIVS. IMP. Sa tête nue. ℞. CAESAR. IMP. Caducée ailé C. 5. — B. *Antonia*. (15). Arg. Très beau. *Pl. VIII.*

714 ANT. AVG. III. VIR. R. P. C. Galère prétorienne. ℞. CHORTIS. SPECVLATORVM. Trois enseignes C. 6. — B. *Antonia*. (103). Arg. TB. *Pl. VIII.*

715 Même droit. ℞. CHORTIVM. PRAETORIARVM. Aigle entre 2 enseignes (C. 7. — B. *Antonia*. 102). Arg. TB. *Pl. VIII.*

716 ANT. IMP. III. VIR. R. P. C. Sa tête nue. ℞. CN. DOMIT. AHENOBARBVS. IMP. Astre et proue (C. 10. — B. *Antonia*. 56). Arg. TB. Rare. *Pl. VIII.*

717 M. ANTONIVS. AVG. IMP. IIII. COS. TERT. III. V. R. P. C. Sa tête nue. ℞. D. IVR. Victoire dans une couronne (C. 11. — B. *Antonia*. 146). Arg. Tres beau et tres rare. *Pl. VIII.*

718 M. ANTON. IMP. AVG. III. VIR. R. P. C. Lituus et vase. ℞. L. PLANCVS. IMP. ITER. Foudre, vase et caducée (C. 22. — B. *Antonia*. 57). Arg. TB. Très rare. *Pl. VIIII.*

719 Même droit. ℞. L. PLANCVS. PROCOS. Même revers (C. 24. — B. *Antonia*. 59). Arg. FDC. Tres rare. *Pl. VIII.*

720 ANT. AVG. III. VIR. R. P. C. Galère. ℞. LEG. II. Aigle entre 2 enseignes (C. 27. — B. *Antonia*. 105). Arg. TB.

721 — Autre avec LEG. III (C. 28. — B. *Antonia*. 106). Arg. TB.

722 — LEG. IIII (C. 29. — B. *Antonia*. 107). Arg. TB.

723 — LEG. IV (C. 30. — B. *Antonia*. 108). Arg. TB.

724 — LEG. V (C. 32. — B. *Antonia*. 110). Arg. Tres beau.

725 — LEG. VI (C. 33. — B. *Antonia*. 111). Arg. TB.

726 — LEG. VII (C. 34. — B. *Antonia*. 113). Arg. TB.

727 — LEG. VIII (C. 35. — B. *Antonia*. 114). Arg. TB.

728 — LEG. VIIII (C. 36. — B. *Antonia*. 115). Arg. TB.

729 — LEG. IX (C. 37. — B. *Antonia*. 116). TB.

730 — LEG. X (C. 38. — B. *Antonia*. 117). Arg. TB.

731 — LEG. XI (C. 39. — B. *Antonia*. 118). Arg. TB.

732 — LEG. XII. ANTIQVAE (C. 40. — B. *Antonia*. 120). Arg. B. Rare.

733 — LEG. XII (C. 41. — B. *Antonia*. 119). Arg. TB.

734 — LEG. XIII (C. 42. — B. *Antonia*. 121). Arg. TB.

735 — LEG. XIIII (C. 43. — B. *Antonia*. 122). Arg. TB.

736 — LEG. XIV (C. 44. — B. *Antonia*. 123). Arg. TB.

737 — LEG. XV (C. 47. — B. *Antonia*. 125). Arg. TB.

738 — LEG. XVI (C. 48. — B. *Antonia*. 126). Arg. TB.

739 — LEG. XVII (C. 49. — B. *Antonia*. 127). Arg. TB.

740 — LEG. XVII. CLASSICAE (C. 50. — B. *Antonia*. 128). Arg. TB. *Pl. VIII.*

741 — LEG. XVIII (C. 51. — B. *Antonia*. 129). Arg. TB.

742 — LEG. XVIII. LYBICAE (C. 53. — B. *Antonia*. 130). Arg. TB. Rare.

743 — LEG. XVIIII (C. 54. — B. *Antonia*. 132). Arg. TB. Rare.

744 — LEG. XIX (C. 55. — B. *Antonia*. 133). Arg. TB.

745 — LEG. XX (C. 57. — B. *Antonia*. 135). Arg. TB.

746 — LEG. XXI (C. 58. — B. *Antonia*. 136). Arg. Tres beau.

747 — LEG. XXII C. 59. — B. *Antonia*. 137. Arg. TB.

748 — LEG. XXIII C. 60. — B. *Antonia*. 138. Arg. TB.

749 III. VIR. R. P. C. Tête voilée de la Concorde. ℞. M. ANTON. C. CAESAR. Mains tenant un caducée C. 67. — B. *Antonia*. 42), Quinaire. Arg. TB.

750 Tête nue d'Antoine. ℞. M. ANTONIVS. III. VIR. R. P. C. Tête du Soleil C. 68. — B. *Antonia*. 29. Arg. Très beau. Rare. *Pl. VIII.*

751 ANTON. AVG IMP. III. COS. DES. III. III. V. R. P. C. Sa tête nue. ℞. M. SILANVS AVG. Q. PROCOS. dans le champ C. 71. — *Antonia*. 97). Arg. TB. *Pl. VIII.*

752 Tête d'Antoine voilée. ℞. P. SEPVLLIVS, MACER. Cavalier sur 2 chevaux (C. 74. — B. *Antonia*. 2. Arg. TB. Rare *Pl. VIII.*

753 M. ANT. IMP. III. V. R. P. C. Sa tête nue. ℞. P. VENTIDI. PONT. IMP. Guerrier presque nu debout à dr., tenant une haste et une branche de laurier C. 75. — B. *Antonia*. 63 et *Ventidia*. 1. — 800 fr.). Arg. De style rude mais TB et de la plus grande rareté. *Pl. VIII.*

754 ANT. AVG. IMP. III. V. R. P. C. Tête nue. ℞. PIETAS. COS. La Piété à g. C. 77. — B. *Antonia*. 44. Arg. TB. Rare. *Pl. VIII.*

755 M. ANTONIVS. IMP. III. VIR. R. P. C. Tête nue. ℞. Le précédent varié C. 79. — B. *Antonia*. 46). Arg. TB. Rare. *Pl. VIII.*

756 Lituus, vase et corbeau. ℞. Victoire et trophée (C. 82. — B. *Antonia*. 7). Quinaire. Arg. B.

757 Tête nue d'Antoine. Contremarque : étoile. ℞. G. SOSIVS. Q. ZA. Aigle et caducée sur un foudre C. 90. — B. *Sosia*. 1. — 100 fr.). MB. B. Très rare.

Marc Antoine et Octave

758 M. ANT. IMP. AVG. III. VIR. R. P. C. M. BARBAT. Q. P. Tête nue d'Octave C. 7. — B. *Antonia*. 50. Or. TB. et très rare. *Pl. IX.*

759 La même pièce C. 8. — B. *Antonia*. 51. Arg. TB. *Pl. IX.*

760 M. ANTON. IMP. III. VIR. R. P. C. AVG. Sa tête nue. ℞. CAESAR. IMP. PONT. III. VIR. R. P. C. Tête nue d'Octave C. 2. — B. *Antonia*. 40. Arg. TB. Rare. *Pl. IX.*

Fulvie

761 III. VIR. R. P. C. Tête de Fulvie. ℞. ANTONI. IMP. Lion C. 3. — B. *Antonia*. 32. Quinaire. Arg. TB. *Pl. VIII.*

Octavie et Marc Antoine

762 M. ANTONIVS. IMP. COS. DESIG. ITER. ET. TERT. Tête d'Antoine. ℞. III. VIR. R. P. C. Tête d'Octavie sur une ciste C. 2. — B. *Antonia*. 60. Cistophore. Arg. B. Rare. *Pl. IX.*

763 Même lég. Têtes accolées de Marc Antoine et d'Octavie. ℞. Bacchus sur la ciste (C. 3. — B. *Antonia*. 61). Cistophore. Arg. TB. Rare. *Pl. IX.*

764 M. ANT. IMP. TER. COS. DESIG. ITER. ET. TER. III. VIR. R. P. C. Leurs têtes accolées. ℟. M. OPPIVS. CAPITO. PRO. PR. PRAEF. CLASS. F. C. Galère (C. 11. — B. *Antonia*. 87 et *Oppia*. 4). PB. TB. Très rare. *Pl. IX.*

Caius Antoine

765 C. ANTONIVS. M. F. PROCOS. Tête du Génie de la Macédoine avec la Kausia. ℟. PONTIFEX. Deux simpules et une hache (C. 1. — B. *Antonia*. 148. — 300 fr.). Arg. TB. Extrêmement rare. *Pl. IX.*

Lucius Antoine et Marc Antoine

766 L. ANTONIVS. COS. Sa tête nue. ℟. M. ANT. IMP. AVG. III. VIR. R. P. C. M. NERVA. PROQ. P. Tête nue de M. Antoine (C. 2. — B. *Antonia*. 48. — 40 fr.). Arg. TB. Rare. *Pl. IX.*

Octave Auguste

767 C. CAESAR. III. R. P. C. Tête nue d'Octave. ℟. L. MVSSIDIVS. T. F. LONGVS. IIII. VIR. A. P. F. Mars casqué debout à dr. (C. 468. — B. *Julia*. 85). Or. TB. Très rare. *Pl. IX.*

768 CAESAR. COS. VI. Tête nue. ℟. AEGVPTO. CAPTA. Crocodile à dr. (C. 2. — B. *Julia*. 148). Arg. TB. Rare. *Pl. IX.*

769 CAESAR. IMP. VII. Même tête. ℟. ASIA. RECEPTA. Victoire sur la ciste (C. 14. — B. *Julia*. 145). Quinaire. Arg. TB. *Pl. VIII.*

770 CAESAR. III. VIR. R. P. C. Même tête. ℟. CAESAR. DIC. PER sur une chaise curule (C. 55. — B. *Julia*. 89). Arg. TB. *Pl. IX.*

771 Buste de la Victoire. ℟. CAESAR. DIVI. F. Neptune à g. (C. 60. — B. *Julia*. 117). Arg. TB.

772 Tête nue d'Octave. ℟. CAESAR. DIVI. F. Apollon assis (C. 61. — B. *Julia*. 116). Arg. TB. Très jolie pièce. Rare. *Pl. IX.*

773 Même tête. ℟. Même lég. La Paix à g. (C. 69. — B. *Julia*. 115). Arg. Très beau. Rare. *Pl. IX.*

774 Tête de Vénus. ℟. Même lég. Octave marchant à g. (C. 70. — B. *Julia*. 105). Arg. Très beau. *Pl. IX.*

775 IMP. CAESAR. DIVI. F. III. VIR. ITER. R. P. C. Sa tête nue et barbue. ℟. COS. ITER. ET. TER. DESIG. Instruments de sacrifice (C. 91. — B. *Julia*. 140). Arg. Très beau. *Pl. IX.*

776 IMP. CAESAR. Galère à la voile. ℟. DIVI. F. Victoire à g., tenant une palme, une couronne et un gouvernail (C. 94. — B. *Julia*. 132). Quinaire fr. après la victoire d'Actium. Arg. B. Très rare. *Pl. X.*

777 Tête nue. ℟. IMP. CAESAR. Terme de Priape (C. 114. — B. *Julia*. 153). Arg. Très beau. Rare.

778 Victoire sur une proue. ℟. Même lég. Octave dans un quadrige (C. 115. — B. *Julia*. 154). Arg. TB.

779 Tête laurée d'Octave en Terme. ℞. Même lég. Octave nicéphore assis à g. C. 116. — B. *Julia*. 155 . Arg. Très belle pièce. Rare. *Pl. IX*.

780 Tête laurée d'Apollon. ℞. Même lég. Prêtre conduisant 2 bœufs C. 117. — B. *Julia*. 156 . Arg. Très beau et rare. *Pl. IX*.

781 Tête nue d'Octave. ℞. Même lég. Trophée naval C. 119. — B. *Julia*. 158 . Arg. Très beau. Rare. *Pl. IX*.

782 Même tête. ℞. IMP. CAESAR sur la frise d'un édifice C. 122. — B. *Julia*. 161 . Arg. FDC. Rare. *Pl. IX*.

783 Même tête. ℞. Même lég. Quadrige sur un arc de triomphe C. 123. — B. *Julia*. 162 . Arg. TB.

784 C. CAESAR. III. VIR. R. P. C. Sa tête nue. ℞. POPVL. IVSSV. Statue équestre à g. C. 227. — B. *Julia*. 97 . Arg. TB. Rare.! *Pl. IX*.

785 IMP. CAESAR. DIVI. F. III. VIR. R. P. C. Champ lisse. ℞. Sans lég. Instruments de sacrifice C. 337. — B. *Julia*. 135 . Arg. TB. Très rare. *Pl. IX*.

786 LAMIA. SILIVS. ANNIVS. Mains jointes. ℞. III. VIR. A. A. A. F. F. autour de S. C. C. 338. — B. *Ælia*. 8 . PB. TB.

787 — Autre. Simpule et lituus C. 339. — B. *Ælia*. 9 . PB. TB.

788 — Autre. Corne d'abondance C. 340. — B. *Ælia*. 10 . PB. TB.

789 OB. CIVIS. SERVATOS. Couronne et palme. ℞. Q. AELIVS. L. F. LAMIA. III. VIR. A. A. A. F. F. autour de S. C. C. 341. — B. *Ælia*. 6. GB. B.

790 AVGVSTVS. TRIBVNIC. POTEST. dans une couronne. ℞. Le même C. 342. — B. *Ælia*. 7 . MB. TB.

791 CAESAR AVGVSTVS. Tête nue. ℞. C. ANTISTIVS. REGINVS. III. VIR. Simpule. lituus. trépied et patère C. 347. — B. *Antistia*. 18 . Arg. TB. Rare. *Pl. IX*.

792 APRONIVS. SISENNA. III. VIR. Enclume. ℞. GALVS. MESSALA. A. A. A. F. F. autour de S. C. C. 350. — B. *Apronia*. 3 . PB. TB.

793 — APRONIVS. MESSALLA. III.VIR. ℞. GALVS. SISENNA. C. 352. — B. *Apronia*. 1 . PB. TB.

794 CAESAR AVGVSTVS. Tête nue. ℞. L. AQVILLIVS. FLORVS. III. VIR. SICIL. Soldat relevant une femme C. 366. — B. *Aquillia*. 5. Arg. FDC. Rare. *Pl. IX*.

795 Couronne civique. ℞. ASINIVS. C. F. GALLVS. III. VIR. A. A. A. F. F. autour de S. C. C. 367. — B. *Julia*. 284 et *Asinia*. 1. GB. TB.

796 AVGVSTVS. TRIBVNIC. POTEST. Couronne. ℞. C. ASINIVS. GALLVS. III. VIR. A. A. A. F. F. autour de S. C. C. 368. — B. *Asinia*. 2). MB. TB.

797 CAESAR. AVGVSTVS. TRIBVNIC. POTEST. Tête nue. ℞. Le même (C. 369. — B. *Asinia*. 3). MB. TB.

798 GALVS. MESSALLA. III. VIR. Enclume. ℞. APRONIVS. SISENNA. A. A. A. F. F. autour de s. c. (C. 370. — B. *Julia*. 341). PB. TB.

799 — Autre; SISENNA. APRONIVS. C. 371. — B. *Julia*. 342). PB. TB.

800 P. BETILIENVS. BASSVS. autour de S. C. ℞. III. VIR. A. A. A. F. F. Enclume (C. 376. — B. *Betiliena*. 1). PB. TB.

801 Couronne civique. ℞. CN. PISO. CN. F. III. VIR. A. A. A. F. F. autour de s. c. (C. 377). — B. *Calpurnia*. 38). GB. TB.

802 AVGVSTVS. TRIBVNIC. POTEST. Couronne. ℞. Le même (C. 378. — B. *Calpurnia*. 39). MB. TB.

803 CAESAR. AVGVSTVS. TRIBVNIC. POTEST. Tête nue. ℞. CN. PISO. CN. F. III. VIR. A. A. A. F. F. autour de s. c. (C. manque. — B. *Calpurnia*. 40). MB. TB. *Pl. XI.*

804 AVGVSTVS. Tête nue. ℞. L. CANINIVS. GALLVS. III. VIR. Parthe à genoux, présentant une enseigne (C. 383. — B. *Caninia*. 3). Arg. Très beau. Rare. *Pl. IX.*

805 IMP. CAESAR. AVGVST. Tête nue à g. ℞. P. CARISIVS. LEG. PROPR. Fer de lance, bouclier et épée (C. 401. — B. *Carisia*. 16). Arg. TB. Rare. *Pl. IX.*

806 Même droit. ℞. Même lég. Trophée sur un monceau d'armes espagnoles (C. 402. — B. *Carisia*. 17). Arg. TB. Rare. *Pl. IX.*

807 Autre; tête nue à dr. (C. 403. — B. *Carisia*. 18). Arg. TB. Rare. *Pl. IX.*

808 Même lég.; tête nue à g. ℞. Même lég. Epée, casque et bipenne (C. 405. — B. *Carisia*. 22). Arg. TB. Rare. *Pl. X.*

809 Autre; tête nue à dr. (C. 406. — B. *Carisia*. 23). Arg. TB. Rare. *Pl. X.*

810 Couronne civique. ℞. C. CASSIVS. C. F. CELER. III. VIR. A. A. A. F. F. autour de s. c. (C. 407. — B. *Cassia*. 22). GB. TB. *Pl. XI.*

811 AVGVSTVS. TRIBVNIC. POTEST. Couronne. ℞. C. CASSIVS. CELER. III. VIR. A. A. A. F. F. autour de s. c. (C. 408. — B. *Cassia* 23). MB. B.

812 Tête nue à dr. ℞. Le même (C. 409. — B. *Cassia*. 24). MB. TB.

813 PVLCHER. TAVRVS. REGVLVS. Mains jointes. ℞. III. VIR. A. A. A. F. F. autour de s. c. (C. 413. — B. *Clodia*. 25). PB. TB.

814 — Autre. Simpule et lituus (C. 414. — B. *Clodia*. 26). PB. TB.

815 — Autre. Corne d'abondance (C. 415. B. *Clodia*. 27). PB. TB.

816 AVGVSTVS. Tête nue. ℞. L. LENTVLVS. FLAMEN. MARTIALIS. Prêtre couronnant une figure nicéphore (C. 419. — B. *Cornelia*. 81). Arg. TB. Très rare. *Pl. X.*

817 SISENNA. APRONIVS. III. VIR. Enclume. ℞. GALVS. MESSALLA. A. A. A. F. F. autour de S. C. (C. 420. — B. *Cornelia*. 82). PB. TB.

818 — Autre. MESSALLA. GALVS. (C. 421. — B. *Cornelia*. 83). PB. TB.

819 SISENNA. MESSALLA. III. VIR. Enclume. ℞. GALVS. APRONIVS. A. A. A. F. F. autour de S. C. (C. 423. — B. *Cornelia*. 85). PB. TB.

820 SISENNA. GALVS. III. VIR. Enclume. ℞. APRONIVS. MESSALLA. A. A. A. F. F. autour de S. C. (C. 424. — B. *Cornelia* (86). PB. TB.

821 — MESSALLA. APRONIVS. (C. 425. — B. *Cornelia*. 87). PB. TB.

822 M. DVRMIVS. III VIR. HONORI. Tête de l'Honneur. ℞. AVGVSTVS. CAESAR. Bige d'éléphants à g. (C. 427. — B. *Durmia*. 4). Arg. TB. Rare. *Pl. X.*

823 Même droit. ℞. CAESAR. AVGVSTVS. S. C. Quadrige à dr. (C. 429. — B. *Durmia*. 5). Arg. Très beau. Très rare. *Pl. X.*

824 CAESAR. AVGVSTVS. Sa tête nue. ℞. M. DVRMIVS. III. VIR. Sanglier blessé (C. 430. — B. *Durmia*. 8). Arg. TB. Rare. *Pl. X.*

825 Même droit. ℞. Même lég. Lion à g., dévorant un cerf (C. 431. — B. *Durmia*. 9). Arg. TB. Rare. *Pl. X.*

826 Couronne civique. ℞. C. GALLIVS. C. F. LVPERCVS. III. VIR. A. A. A. F. F. et S. C. (C. 434. — B. *Gallia*. 1). GB. Très beau. *Pl. XI.*

827 AVGVSTVS. TRIBVNIC. POTEST. Couronne. ℞. C. GALLIVS. LVPERCVS. III. VIR. A. A. A. F. F. autour de S. C. (C. 435. — B. *Gallia*. 2). MB. TB.

828 Tête nue à dr. ℞. Même revers (C. 436. — B. *Gallia*. 3). MB. Très beau. Patine vert foncé. *Pl. XI.*

829 Tête nue. ℞. A. LICIN. NERVA. SILIAN. III. VIR. A. A. A. F. F. autour de S. C. (C. 437. — B. *Licinia*. 33). MB. B.

830 AVGVSTVS. TR. POT. Tête nue. ℞. P. STOLO. III. VIR. Apex entre 2 ancilles (C. 438. — B. *Licinia*. 28). Arg. TB. Très rare. *Pl. X.*

831 Même lég. Auguste à cheval à dr. ℞. Le précédent (C. 439. — B. *Licinia*. 29). Arg. TB. Très rare. *Pl. X.*

832 AVGVSTVS. TRIBVNIC. POTEST. Couronne. ℞. P. STOLO. III. VIR. A. A. A. F. F. et S. C. (C. 440. — B. *Licinia*. 31). MB. Très beau.

833 Couronne civique. ℞. P. LICINIVS. STOLO. III. VIR. A. A. A. F. F. autour de S. C. (C. 441. — B. *Licinia*. 30). GB. TB.

834 C. CAESAR. III. VIR. R. P. C. Tête nue. ℞. L. LIVINEIVS. REGVLVS. Victoire à dr. (C. 443. — B. *Julia*. 82 et *Livineia*. 4). Arg. TB. Rare. *Pl. X.*

835 Tête nue à dr. ℞. P. LVRIVS. AGRIPPA. III. VIR. A. A. A. F. F. autour de S. C. (C. 445. — B. *Luria*. 2). MB. TB.

836 Variété; tête nue à g. (C. 446. — B. *Luria*. 3). MB. TB.

837 Tête nue à dr. ℞. M. MAECILIVS. TVLLVS. III. VIR. A. A. A. F. F. dans le champ S. C. (C. 448. — B. *Maecilia*. 3). MB. TB.

838 Variété : tête nue à g. C. 449. — B. *Maecilia*. 4 . MB. TB.

839 CAESAR. AVGVST. PONT. MAX. TRIBVNIC. POT. Tête laurée à g.: derrière une Victoire. ℟. Le même C. 450. — B. *Maecilia*. 2 . MB. Très beau et très rare. Patine vert foncé. *Pl. XI.*

840 AVGVSTVS. TRIBVNIC. POTEST. Couronne. ℟. CENSORINVS. L. F. AVG. III. VIR. A. A. A. F. F. et S. C. C. 452. — B. *Marcia*. 31 . MB. TB.

841 Variété sans L. F. au revers C. 453. — B. *Marcia*. 32 . MB. B.

842 Couronne civique. ℟. C. MARCI. L. F. CENSORIN. AVG. III. VIR. A. A. A. F. F. autour de S. C. C. 454. — B. *Marcia*. 30 . GB. TB.

843 AVGVSTVS. Tête nue. ℟. C. MARIVS. C. F. TRO. III. VIR. Quadrige à dr. C. 456. — B. *Maria*. 11 . Arg. Très beau. Rare. *Pl. X.*

844 Même droit. ℟. Même lég. Auguste et Agrippa debout ayant chacun un autel à ses pieds (C. 457. — B. *Maria*. 12. — 100 fr. . Arg. B. Très rare.

845 CAESAR. AVGVSTVS. TR. POT. Tête laurée. ℟. L. MESCINIVS. RVFVS. III. VIR. Cippe sur lequel on lit : IMP. CAES. AVG. LVD. SAEC. : dans le champ : XV. S. F. (C. 461. — B. *Mescinia*. 4 . Arg. TB. et très rare. *Pl. X.*

846 Tête laurée. ℟. MESCINIVS. RVFVS. Mars debout sur un cippe (C. 463. — B. *Mescinia*. 1 . Arg. TB. Rare. *Pl. X.*

847 C. NAEVIVS. CAPELLA. autour de S. C. ℟. III. VIR. A. A. A. F. F. Enclume C. 449. — B. *Naevia*. 13 . PB. TB.

848 Couronne civique. ℟. L. NAEVIVS. SVRDINVS. III. VIR. A. A. A. F. F. autour de S. C. C. 471. — B. *Naevia*. 9 . GB. TB.

849 AVGVSTVS. TRIBVNIC. POTEST. Couronne. ℟. L. SVRDINVS. A. A. A. F. F. autour de S. C. C. 472. — B. *Naevia*. 11 . MB. TB.

850 Tête nue. ℟. Le même C. 473. — B. *Naevia*. 12 . MB. TB.

851 Tête nue. ℟. SEX. NONIVS. QVINCTILIAN. III. VIR. A. A. A. F. F. autour de S. C. (C. 474. — B. *Nonia*. 2 . MB. B.

852 TVRPILIANVS. III. VIR. FERON. Tête tourelée de Féronie. ℟. CAESAR. AVGVSTVS. SIGN. RECE. Parthe à genoux, présentant une enseigne C. 484. — B. *Petronia*. 9 . Arg. FDC. Rare. *Pl. X.*

853 Variété. TVRPILIANVS. III. VIR. Tête de Bacchus C. 485. — B. *Petronia*. 10 . Arg. TB. Rare. *Pl. X.*

854 CAESAR. AVGVSTVS. Tête nue. ℟. P. PETRON. TVRPILIAN. III. VIR. Pégase à dr. C. 491. — B. *Petronia*. 16 . Arg. TB. Rare. *Pl. X.*

855 Même droit. ℟. TVRPILIANVS. III. VIR. Tarpeia écrasée par des boucliers C. 494. — B. *Petronia*. 19 . Arg. Très belle pièce. Rare. *Pl. X.*

856 Même droit. ℟. Même lég. Astre sur un croissant C. 495. — B. *Petronia*. 20). Arg. TB. Rare. *Pl. X.*

857 SCARPVS. IMP. Main ouverte. ℞. CAESAR DIVI. F. Victoire debout à dr. C. 499. — B. *Pinaria*. 14. — 60 fr. . Quinaire. Arg. B. Tres rare.

858 Couronne civique. ℞. C. PLOTIVS. RVFVS. III. VIR. A. A. A. F. F. autour de S. C. C. 501. — B. *Plotia*. 19 . GB. TB.

859 AVGVSTVS. TRIBVNIC. POTEST. Couronne. ℞. Le même C. 502. —. B. *Plotia*. 20 . MB. TB.

860 Tête nue à dr. ℞. Le même C. 504. — B. *Plotia*. 22 . MB. TB.

861 AVGVSTVS. TRIBVNIC. POTEST. Couronne. ℞. T. CRISPINVS. III. VIR. A. A. A. F. F. autour de S. C. C. 505. — B. *Quinctia*. 11). MB. Tres beau. *Pl. XI.*

862 Autre avec T. CRISPINVS. SVLPICIAN. III. VIR. A. A. A. F. F. C. 507. — B. *Quinctia*. 12 . MB. TB.

863 Couronne civique. ℞. T. QVINCTIVS. CRISPINVS. III. VIR. A. A. A. F. F. autour de S. C. G. 508. — B. *Quinctia*. 9. GB. Très beau.

864 Autre avec T. QVINCTIVS. CRISPIN. SVLPIC. III. VIR. A. A. A. F. F. C. 510. — B. *Quinctia*. 7 . GB. B.

865 C. RVBELLIVS. BLANDVS. autour de S. C. ℞. III. VIR. A. A. A. F. F. Enclume C. 511. — B. *Rubellia*. 1 . PB. TB.

866 Deux bustes de femme accolés sur une base. ℞. CAESARI. AVGVSTO. S. C. Autel de la Fortune C. 513. — B. *Rustia*. 3 . Arg. TB. Rare.

867 C. CAESAR. III. VIR. R. P. C. Tête nue. ℞. Q. SALVIVS. IMP. COS. DESIG. Foudre ailé C. 514. — B. *Julia*. 92 . Arg. TB. Rare. *Pl. X.*

868 Tête nue à dr. ℞. M. SALVIVS. OTHO. III. VIR. A. A. A. F. F. autour de S. C. C. 515. — B. *Salvia*. 3 . MB. TB.

869 Variété : tête nue à g. C. 516. — B. *Salvia*. 4 MB. TB.

870 CAESAR. AVGVST. PONT. MAX. TRIBVNIC. POT. Tête laurée à g.: derrière, une Victoire. ℞. Le même C. 517. — B. *Salvia*. 6 . MB. TB. Tres rare. *Pl. XI.*

871 Couronne civique. ℞. M. SANQVINIVS. Q. F. III. VIR. A. A. A. F. F. autour de S. C. C. 520. — B. *Sanquinia*. 4 . GB. TB.

872 AVGVSTVS. TRIBVNIC. POTEST. Couronne. ℞. Le même C. 521. — B. *Sanquinia*. 5 . MB TB.

873 Variété d'un module plus petit C. 521 note . MB. TB.

874 Couronne civique. ℞. TI. SEMPRONIVS. GRACCVS. III. VIR. A. A. A. F. F. autour de S. C. C. 524. — B. *Sempronia*. 20 . GB. TB.

875 AVGVSTVS. TRIBVNIC. POTEST. Couronne. ℞. TI. SEMPRONIVS. GRACCVS. III. VIR. A. A. A. F. F. autour de S. C. C. 525. — B. *Sempronia*, 21 . MB. B.

876 CAESAR. AVGVSTVS. Tête nue. ℞. C. SVLPICIVS. PLATORIN. Auguste et Agrippa assis à g. C. 529. — B. *Sulpicia*. 11 . Arg. B. Rare.

877 MESSALLA. GALVS. III. VIR. Enclume. ℞. APRONIVS. SISENNA A. A. A. F. F. autour de s. c. (C. 530. — B. *Valeria*. 27). PB. TB.

878 — MESSALLA. APRONIVS. ℞. GALVS. SISENNA. (C. 532. — B. *Valeria*. 29). PB. B.

879 — ℞. SISENNA. GALVS. (C. 533. — B. *Valeria*. 30). PB. TB.

880 — MESSALLA. SISENNA. ℞. GALVS. APRONIVS. (C. 534. — B. *Valeria*. 31). PB. B.

881 — ℞. APRONIVS. GALVS. (C. 535. — B. *Valeria*. 32). PB. B.

882 L. VALERIVS. CATVLLVS. Autour de s. c. ℞. III. VIR. A. A. A. F. F. Enclume (C. 536. — B. *Valeria*. 33). PB. TB.

883 Tête nue à dr. ℞. VOLVSVS. VALER. MESSAL. III. VIR. A. A. A. F. F. autour de s. c. (C. 538. — B. *Valeria*. 24). MB. B.

884 — Tête nue à g. (C. 538 var. — B. *Valeria*. 25). MB. B.

885 Tête nue et barbue d'Octave à dr. ℞. C. VIBIVS. VARVS. Vénus debout à g., tenant une Victoire et une corne d'abondance (C. 539. — B. *Julia*. 86 et *Vibia*. 31. — 200 fr.). Arg. TB. Extrêmement rare. *Pl. X.*

886 Statue équestre. ℞ L. VINICIVS. L. F. III. VIR. Cippe avec inscription (C. 543. — B. *Vinicia*. 3. — 30 fr.). Arg. B. Rare.

887 Tête nue. ℞. L. VINICIVS. Quadrige sur un arc de triomphe entre 2 archers (C. 544. — B. *Vinicia*. 4). Arg. Très beau. Rare. *Pl. X.*

888 IMP. CAESAR. DIVI. IVLI. F. Tête nue. ℞. M. AGRIPPA. COS. DESIG. dans le champ (C. 545. — B. *Julia*. 131 et *Vipsania*. 3). Arg. TB. Rare. *Pl. X.*

Agrippa et Auguste

889 M. AGRIPPA PLATORINVS. III. VIR. Tête nue d'Agrippa. ℞. CAESAR. AVGVSTVS. Tête nue d'Auguste (C. 3. — B. *Sulpicia*. 13. — 150 fr.). Arg. TB. Très rare. *Pl. X.*

Julie et Auguste

890 C. MARIVS. TRO. III. VIR. Buste de Julie. ℞. AVGVSTVS. Sa tête nue; derrière, le lituus (C. 1. — B. *Maria*. 17). Arg. TB. Extrêmement rare. *Pl. X.*

Caius. Lucius. Julie et Auguste

891 AVGVSTVS. Tête nue; derrière, le lituus. ℞. C. MARIVS. TRO. III. VIR. Tête de Julie à dr., surmontée d'une couronne entre celles de Caïus et de Lucius (C. 2. — B. *Maria*. 16). Arg. TB. De la plus grande rareté. *Pl. X.*

———* *———

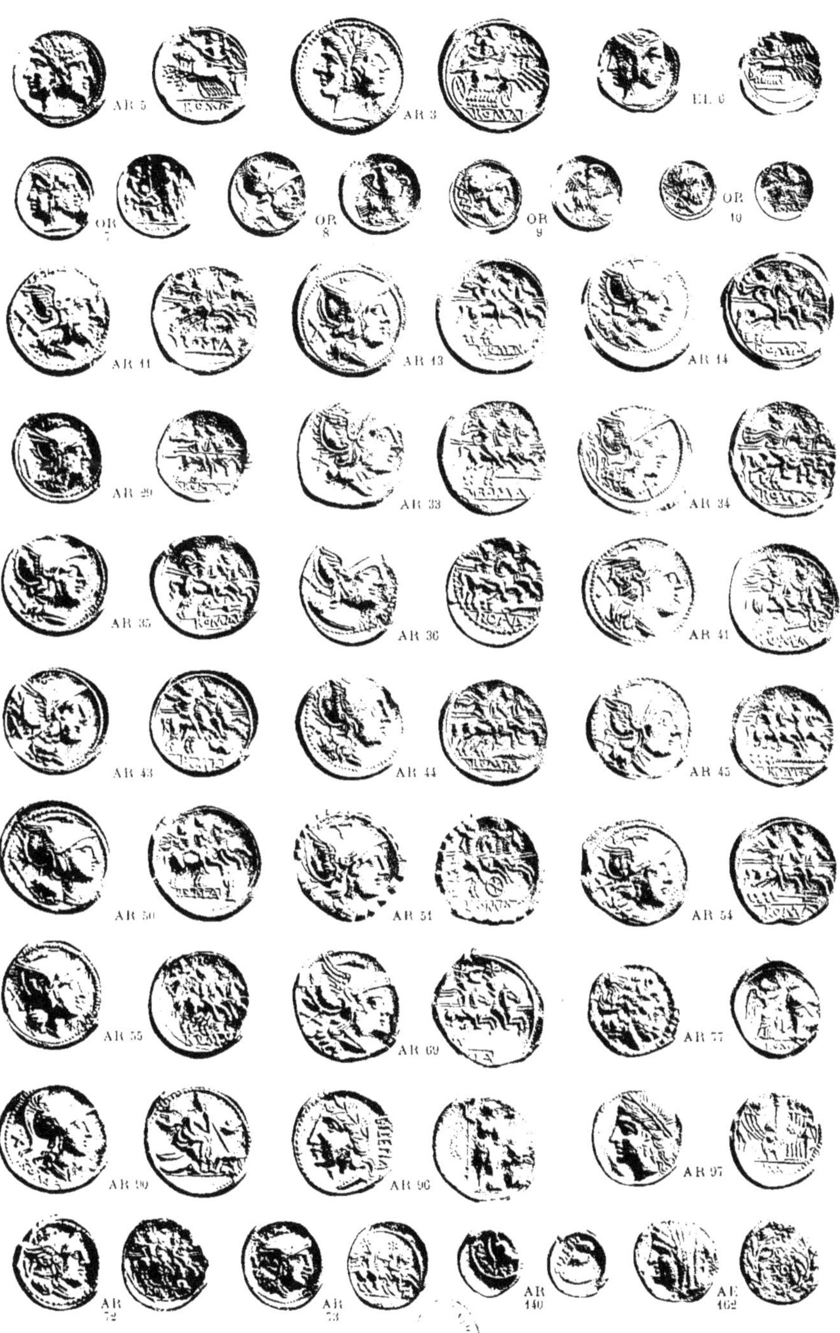

Étienne BOURGEY, expert, 7, rue Drouot, Paris.

Établiss. ÉDIA, Paris Versailles

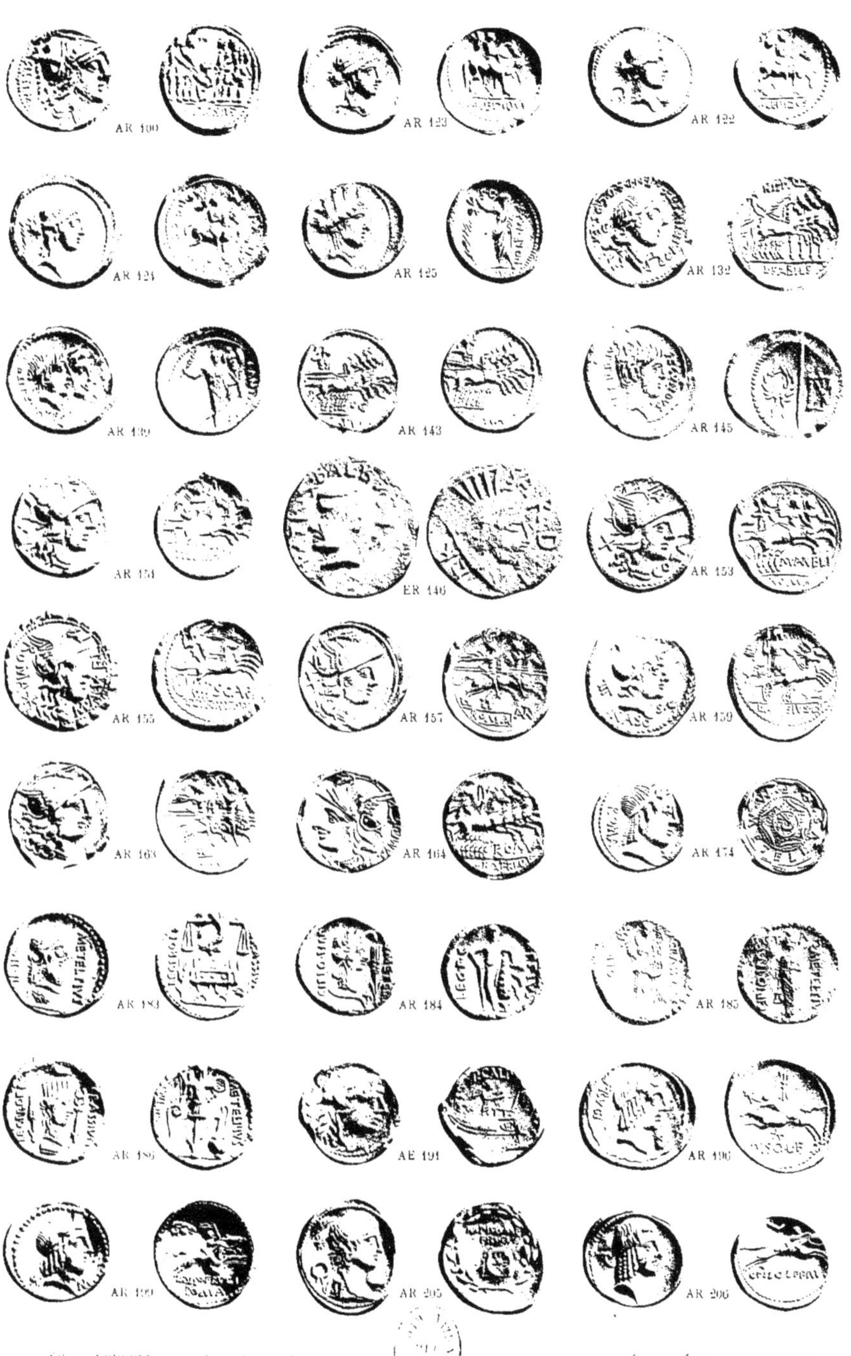
AR 100
AR 123
AR 122
AR 124
AR 125
AR 132
AR 139
AR 143
AR 145
AR 154
ER 146
AR 153
AR 155
AR 157
AR 159
AR 163
AR 164
AR 174
AR 183
AR 184
AR 185
AR 186
AE 191
AR 196
AR 199
AR 205
AR 206

Étienne BOURGEY, expert, 7, rue Drouot, Paris.

Établiss. ÉDIA, Paris Versailles

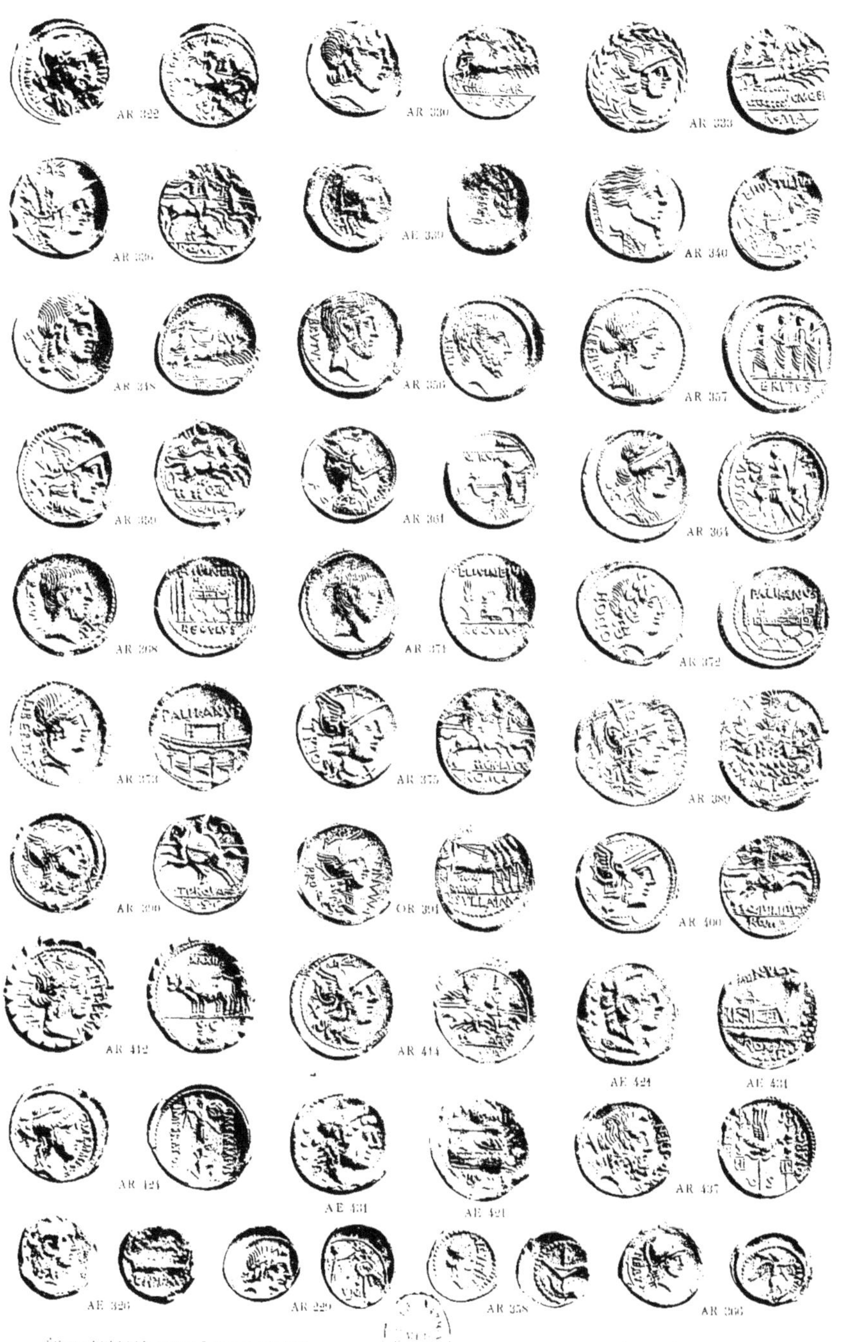

AR 322 — AR 330 — AR 333

AR 336 — AE 339 — AR 340

AR 348 — AR 356 — AR 357

AR 359 — AR 361 — AR 364

AR 368 — AR 371 — AR 372

AR 373 — AR 375 — AR 389

AR 390 — OR 394 — AR 400

AR 412 — AR 414 — AE 424 — AE 431

AR 424 — AE 431 — AE 421 — AR 437

AE 326 — AR 229 — AR 358 — AR 366

Étienne BOURGEY, expert, 7, rue Drouot, Paris.

Établiss. ÉDIA, Paris-Versailles

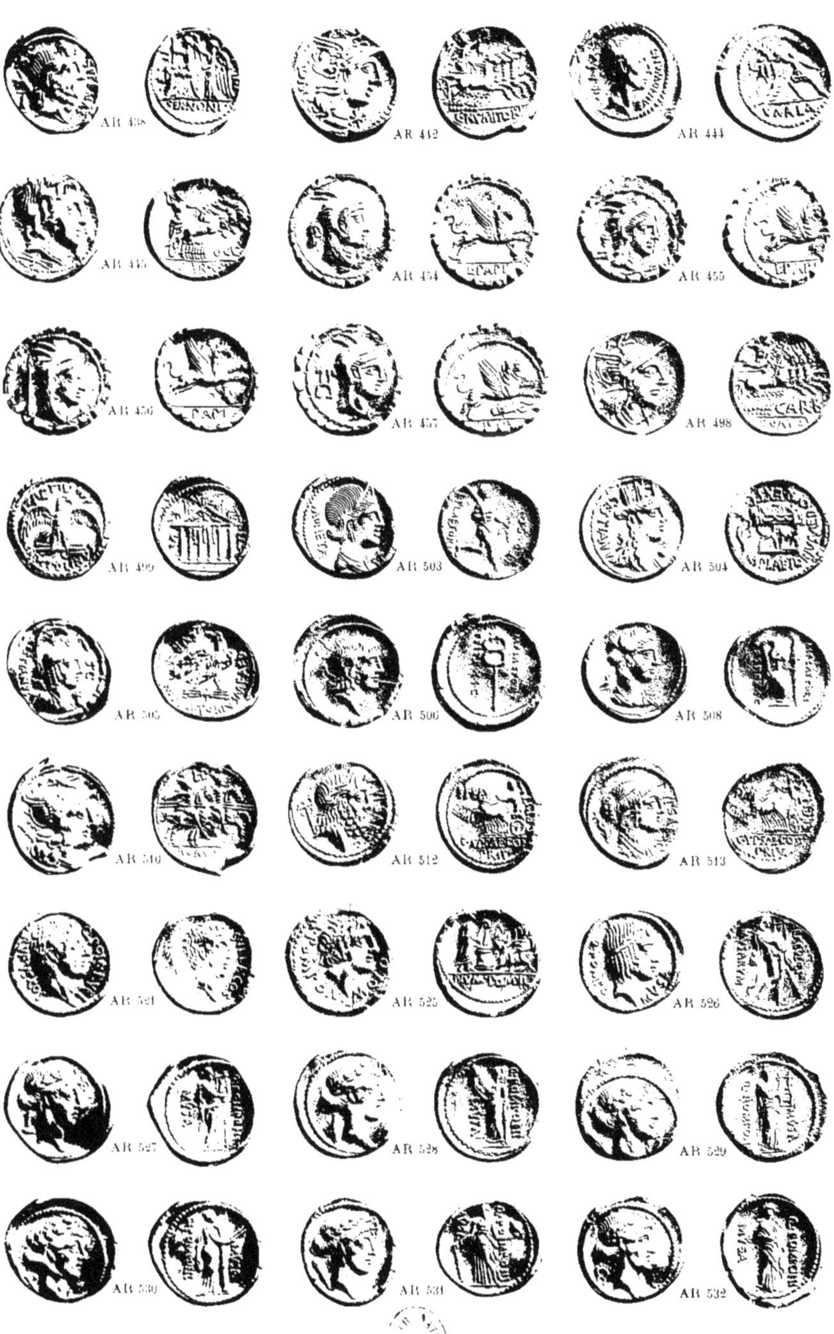

Étienne BOURGEY, expert, 7, rue Drouot, Paris.

Établiss. ÉDIA, Paris-Versailles

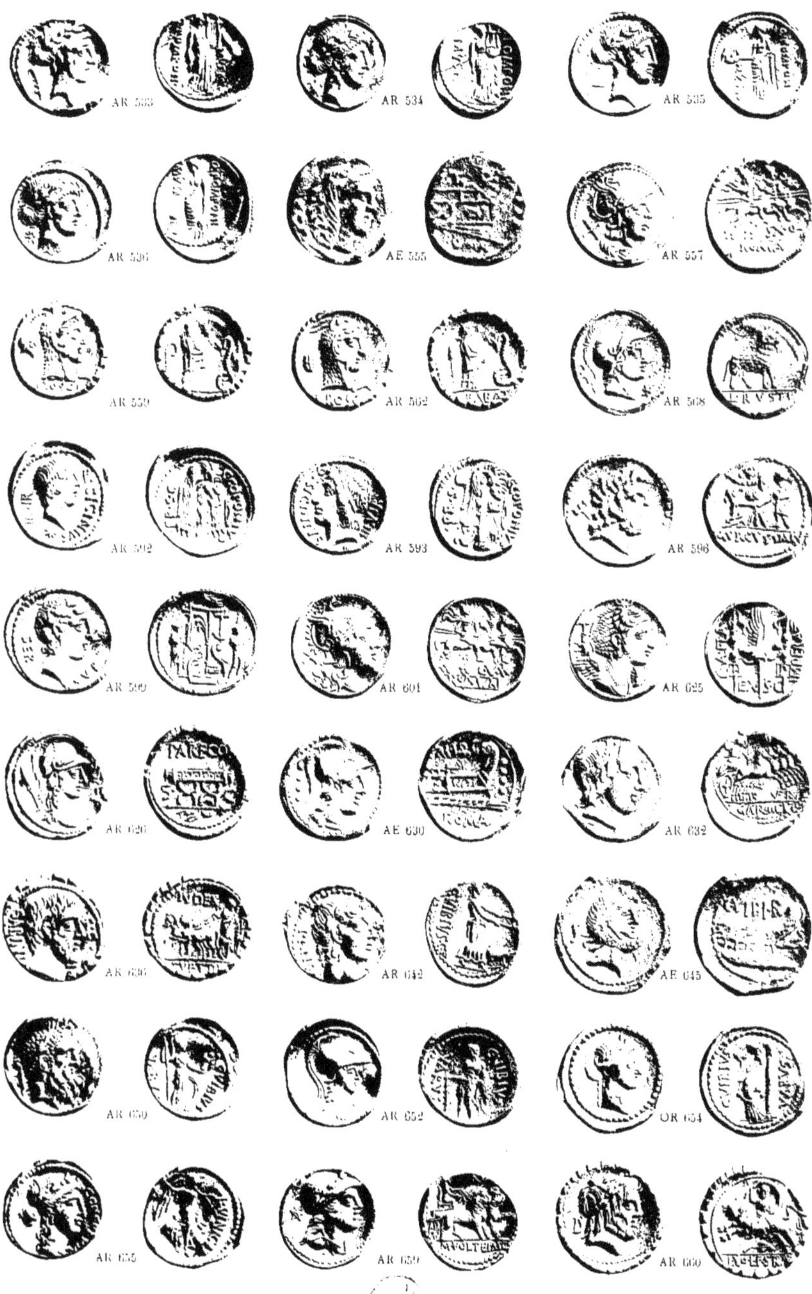

Étienne BOURGEY expert 7 rue Drouot Paris

Établiss. ÉDIA, Paris-Versailles

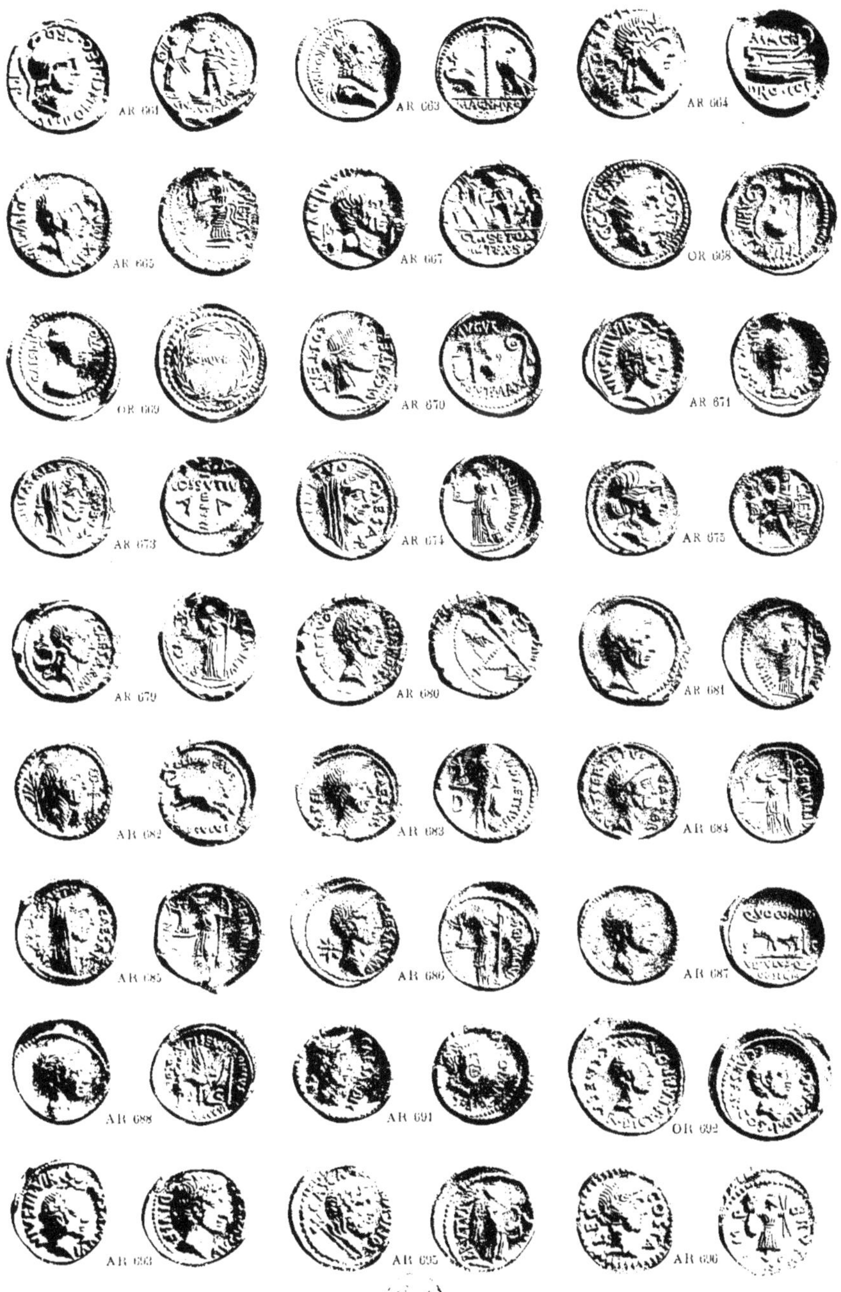

Étienne BOURGEY, expert, 7, rue Drouot, Paris.

Établiss. EDIA, Paris-Versailles

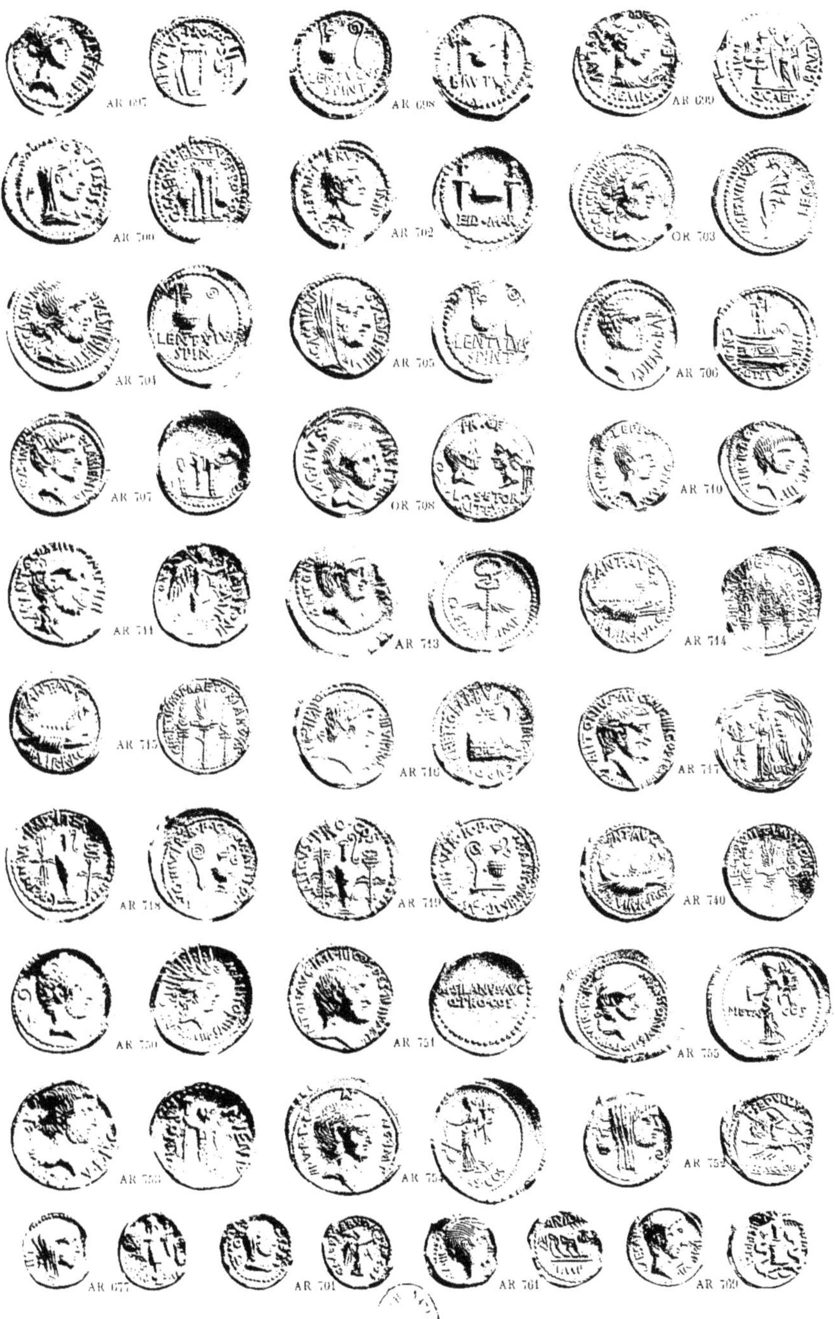

Étienne BOURGEY, expert, 7, rue Drouot, Paris,   Établiss. ÉDIA, Paris-Versailles

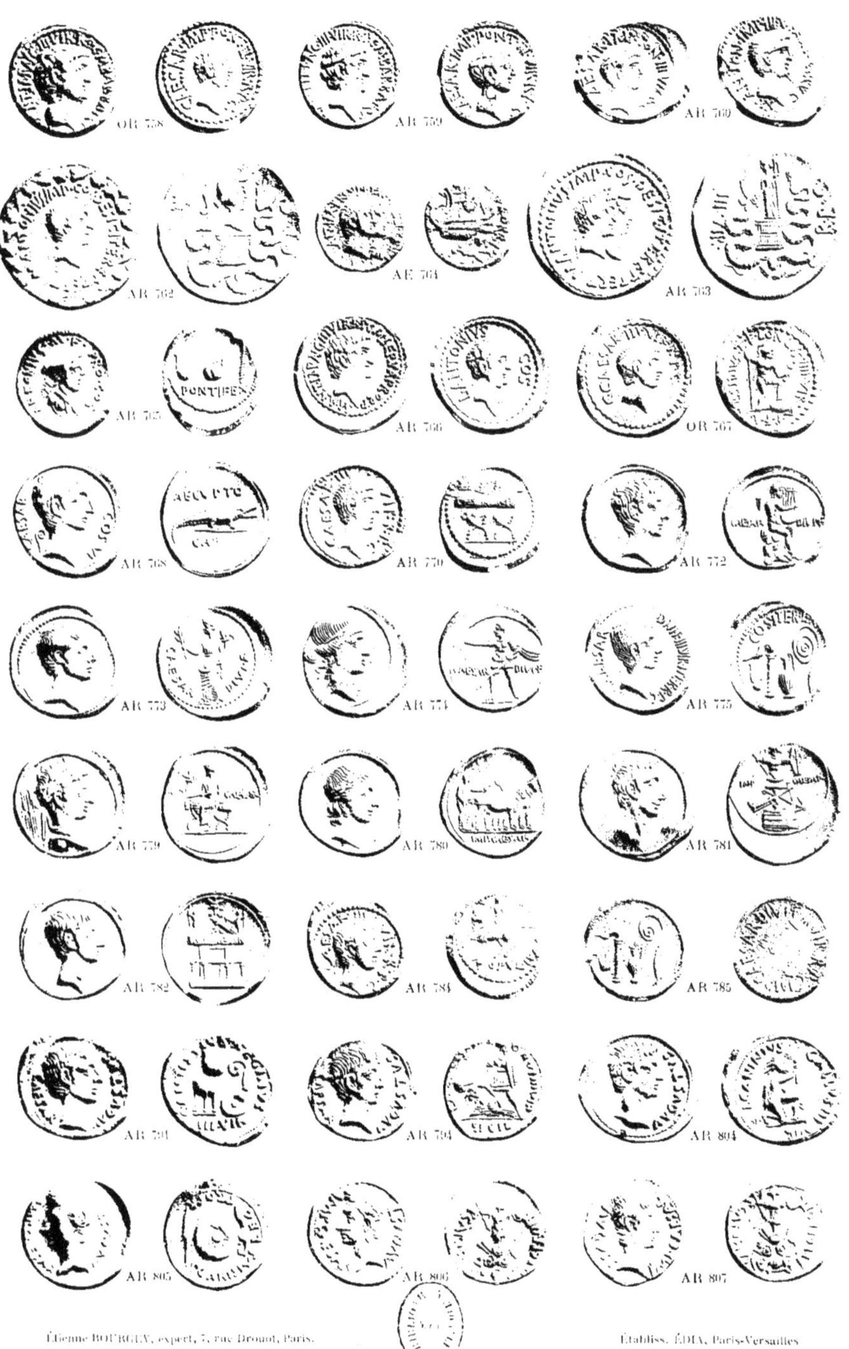

Étienne BOURGEY, expert, 7, rue Drouot, Paris.

Établiss. ÉDIA, Paris-Versailles

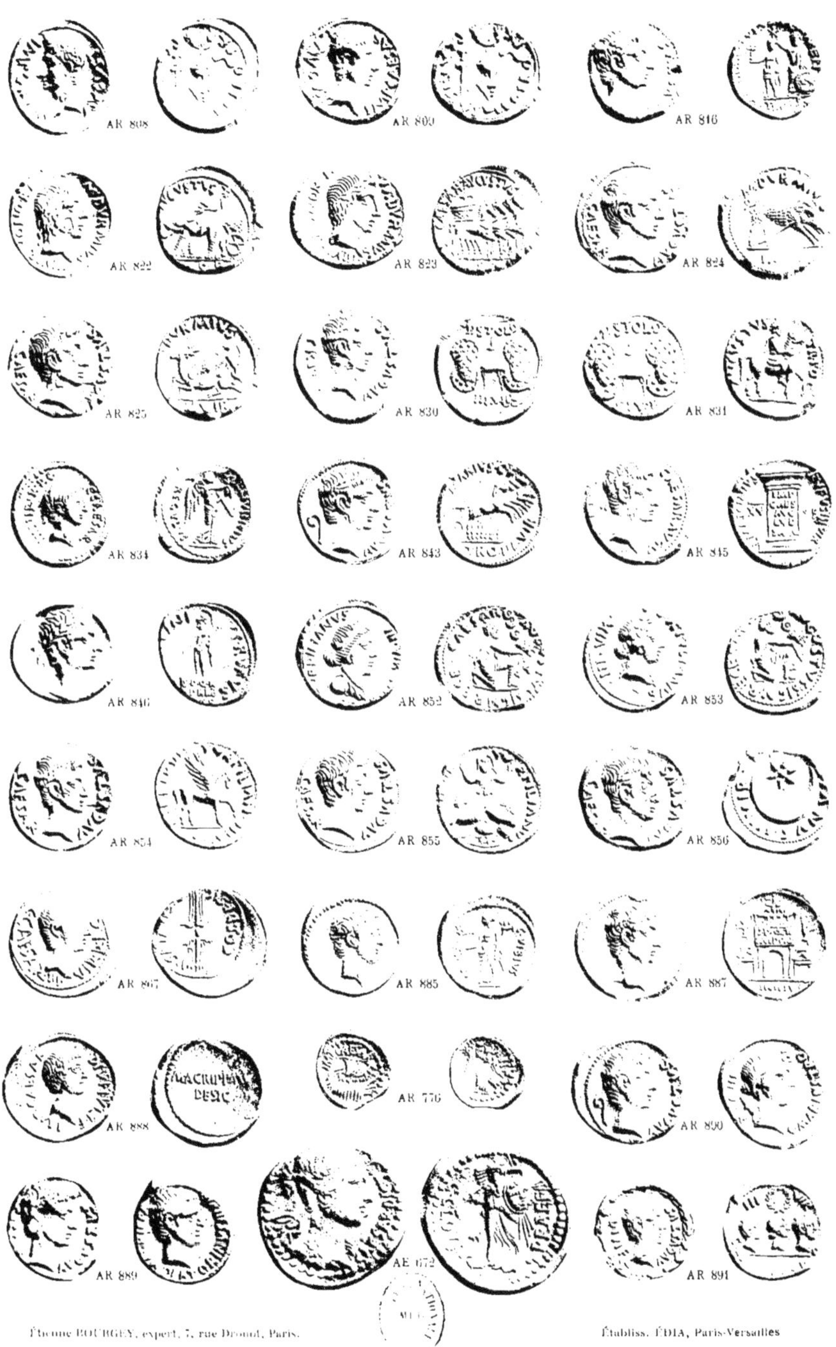

Étienne BOURGEY, expert, 7, rue Drouot, Paris.

Établiss. ÉDIA, Paris-Versailles

Étienne BOURGEY, expert, 7, rue Drouot, Paris. Établiss. ÉDIA, Paris-Versailles

www.ingramcontent.com/pod-product-compliance
Ingram Content Group UK Ltd.
Pitfield, Milton Keynes, MK11 3LW, UK
UKHW022127260726
13993UKWH00003B/1285

9 782329 411484